전광훈 목사 설교 시리즈 Light 06

이스라엘의 양육일지

전광훈 목사 설교 시리즈 Light 06

이스라엘의 양육일지

JUN KWANG HOON

전광훈 지음

NEWPURITAN
PUBLISHING

들어가는 말

/

성경은 크게 구약과 신약으로 나뉘는데, 구약성경은 하나님의 '양육일지'라고도 부릅니다. 자식을 키울 때 지혜로운 어머니들은 육아일기를 씁니다. 아이의 몸무게, 키, 예방접종 날짜 등을 꼼꼼히 기록하여, 둘째 셋째 아이를 키울 때 사용합니다. 사람도 자식을 양육할 때 양육일지를 기록하듯이, 하나님도 자녀로 삼으신 '이스라엘' 백성을 양육하실 때 양육일지를 기록하셨습니다(사 1:2). 그것이 바로 구약성경입니다. <이스라엘의 양육일지>는 하나님이 구약시대의 이스라엘 백성이나 신약시대의 여러분이나 사랑하는 자녀를 어떻게 양육하시는지 설명하고 있습니다. 이 말씀을 통해, 구약성경을 100번 읽지 않아도 구약성경의 전체가 열리기 시작할 것입니다. 이 책을 통해 구약성경 안에 있는 감춰진 모든 비밀을 알아가고 하나님께서 주신 축복이 임하길 바랍니다. 더 하나님이 여러분을 축복하실지 기대하시기 바랍니다.

전광훈 목사 드림

목차

들어가는 말   5

01 이스라엘의 양육일지   8
02 하나님과의 관계 : 아버지   16
03 하나님과의 관계 : 남편   36
04 하나님과의 관계 : 왕   62
05 하나님과의 관계 : 목자   80

01
이스라엘의 양육일지

이사야 1장 2-8절

²하늘이여 들으라 땅이여 귀를 기울이라 여호와께서 말씀하시기를 내가 자식을 양육하였거늘 그들이 나를 거역하였도다 ³소는 그 임자를 알고 나귀는 주인의 구유를 알건마는 이스라엘은 알지 못하고 나의 백성은 깨닫지 못하는도다 하셨도다 ⁴슬프다 범죄한 나라요 허물 진 백성이요 행악의 종자요 행위가 부패한 자식이로다 그들이 여호와를 버리며 이스라엘의 거룩한 자를 만홀히 여겨 멀리하고 물러갔도다 ⁵너희가 어찌하여 매를 더 맞으려고 더욱 더욱 패역하느냐 온 머리는 병 들었고 온 마음은 피곤하였으며 ⁶발바닥에서 머리까지 성한 곳이 없이 상한 것과 터진 것과 새로 맞은 흔적 뿐이어늘 그것을 짜며 싸매며 기름으로 유하게 함을 받지 못하였도다 ⁷너희 땅은 황무하였고 너희 성읍들은 불에 탔고 너희 토지는 너희 목전에 이방인에게 삼키웠으며 이방인에게 파괴됨 같이 황무하였고 ⁸딸 시온은 포도원의 망대 같이, 원두밭의 상직막 같이, 에워싸인 성읍 같이 겨우 남았도다

이스라엘 백성들은 7대 명절인 초막절을 지켰습니다. 이 초막절은 이스라엘 백성들이 광야에서 보낸 40년을 기념하기 위해서 지킨 절기입니다. 이스라엘의 40년 광야생활은 이스라엘의 양육일지를 우리에게 보여줍니다.

이사야 1장 2절을 읽어봅시다.

"하늘이여 들으라 땅이여 귀를 기울이라 여호와께서 말씀하시기를 내가 자식을 양육하였거늘 그들이 나를 거역하였도다"(사 1:2).

하나님께서 '내가 자식을 양육하였다' 하고 말합니다. 사람도 자식을 낳고 양육하듯이 하나님이 이스라엘 백성을 양육했다는 말입니다. 아이를 낳아 키우면서 양육일기를 쓰는 부모가 있습니다. 아이가 태어났을 때 어땠는지, 그리고 태어나고 며칠 만에 뭘 했는지 씁니다.

영유아 예방접종도 언제 어디서 했는지 자세히 씁니다. 이렇게 양육일기를 쓰는 것은 아이를 어떻게 키웠는지, 그때 부모의 감정이 어땠는지 기록으로 남기는 겁니다. 그리고 둘째, 셋째를 낳았을 때 첫 아이의 양육일기를 참고해서 그들을 보다 잘 양육하기 위해서입니다.

집집마다 자녀들을 양육하는 부모들의 양육 방법이 있듯이 하나님도 자기 백성을 양육하시는 방법이 있습니다. 하나님만의 양육법이 있다는 겁니다. 하나님이 구약시대에 이스라엘 백성을 어떻게 양육하셨는지 그 일지를 썼습니다. 그게 바로 이스라엘의 양육일지입니다.

하나님의 양육법은 특별합니다. 하나님이 이스라엘을 양육할 때 그냥 키운 게 아닙니다. 이스라엘 옆에 초강대국을 세워놓았습니다. 첫 번째가 바로 이집트, 애굽입니다. 이 이집트를 세워놓으신 이유가 이스라엘을 양육하기 위함이었습니다. 믿습니까?

하나님이 택하신 민족, 이스라엘을 키워내기 위해서 이집트라는 초강대국을 옆에 세워두시고 이스라엘이 하나님을 잘 믿고, 잘 행하면 거대한 나라 이집트를 이스라엘에게 선물로 줍니다. 반대로 이스라엘이 하나님을 잘 믿지 못하고, 잘 행하지 못하면 거대한 나라 이집트를 통해 벌을 내리십니다.

두 번째가 앗수르입니다. 하나님은 앗수르 제국이란 초강대국을 이스라엘 옆에 세우십니다. 앗수르 제국을 세운 이유도 이스라엘을 양육하기 위함입니다. 이스라엘이 하나님의 말씀을 잘 들으면 앗수르를 이스라엘 손에 붙여줬습니다.

이스라엘은 작은 나라였지만, 거대한 제국인 앗수르를 가지고 놉니다. 지금 이스라엘이 면적도 작고, 국민은 910만 정도(2022년) 밖에 되지 않지만, 주변에 거대한 나라들을 압도하고 있는 것처럼 말입니다.

세 번째는 바벨론입니다. 바벨론도 앞서 이야기한 이집트와 앗수르처럼 이스라엘을 양육하기 위해서 세우셨습니다. 그 다음에는 페르시아와 헬라입니다. 마지막으로 로마입니다. 하나님이 이 모든 제국의 나라들을 세우신 이유가 이스라엘을 양육하기 위해서입니다.

다시 이야기하지만, 이스라엘이 하나님의 말을 잘 들으면 하나님이 이 큰 나라들을 이스라엘의 손에 붙여주십니다. 그런데 이스라엘이 하나님과의 관계가 무너지면, 바로 초강대국이 이스라엘을 치러 들어오는 겁니다. 그러니까 이스라엘이 견딜 수 없는 겁니다. 이와 같이 오늘날도 똑같단 말입니다. 아멘.

이스라엘을 섭리하시고, 키워내신 하나님이 신약시대인 지금 이 시대에 우리에게도 똑같은 방법으로 양육하고 계십니다. 이스라엘의 역사를 보면, 그게 바로 이스라엘의 양육일지입니다. 하나님이 구약시대에 이스라엘을 어떻게 키웠는지에 대한 기록을 하나님이 자세히 썼기 때문에 이것을 보면 신약시대 성도인 우리가 하나님이 우리에게 어떻게 하는지 눈치를 챌 수 있습니다.

옆집에 사는 아이 엄마가 아이를 키우면서 쓴 일기, 양육일지를 나중에 새댁이 아이를 낳고 그 양육일지를 보면서 자기 자식을 키우는 지혜를 얻을 수 있을 겁니다. 이처럼 우리가 구약성경을 자세히 읽어보면, 하나님이 이스라엘을 키우신 양육일지를 발견하게 되는 겁니다. 그런데 이스라엘의 양육일지는 한 번 본다고 이해할 수 있는 것이 아닙니다. 하나님께서 이스라엘을 어떻게 양육하셨는지 그 내용을 파악하려면 최소한 성경을 100번을 읽어야 합니다. 100번을 읽어도 성경의 구조가 잘 안 보일 수 있습니다. 성경의 구조가 보여야 전체를 알 수 있습니다.

성도를 양육하시는 하나님

신약시대인 오늘날도 하나님이 성도들을 양육할 때 옆에 막대기를 딱 세워놓고 키우십니다. 먼저 **"물질의 애굽"**입니다. 하나님이 여러분 앞에 물질의 문제를 붙여놓습니다. 그리고 물질을 줬다 뺏다 줬다 뺏다 합니다. 우리가 물질의 문제에서 이겨낼 수 있도록 양육하십니다. 그런데 우리가 하나님과의 관계가 바로 되면 이 물질의 문제는 내 앞에 굴복합니다. 세상에 떠돌아다니는 돈들이 하나님에 의해서 해결되는 겁니다. 그러니까 하나님과의 관계가 우리에게는 생명입니다.

그 다음은 **"질병의 앗수르"**입니다. 하나님은 여러분 앞에 질병의 문제를 붙여놓습니다. 질병으로 힘겨워 합니다. 병원에 가도 잘 낫지 않습니다. 질병의 문제를 이겨낼 수 있도록 양육하십니다. 이 질병을 이기길 원하시면 "예수 이름으로 명하노니 병마야 떠나가라!" 하고 외치면 됩니다. 할렐루야.

이렇게 질병의 문제를 해결하기 위해서는 하나님과의 관계가 바로 서야 됩니다. 믿습니까?

그 다음은 **"가정의 바벨론"**입니다. 하나님은 여러분 앞에 가정의 문제를 붙여놓습니다. 우리의 가정이 흔들림으로 힘겨워 합니다. 이렇게 하시는 것은 하나님이 우리가 가정의 문제를 해결하고 잘 성장할 수 있기를 원하시기 때문입니다. 하나님은 우리의 영혼을 성장시키길 원하십니다. 하나님이 바라는 대로 영혼이 성장하면 이 세상의 것을 하나님이 다 주신단 말입니다.

그 다음은 **"환란의 페르시아"**입니다. 하나님이 환란의 바람을 우리 옆에다 붙여놓습니다. 이 환란을 가지고 우리를 키워내는 겁니다. 이건 개인도, 가정도, 국가도 마찬가지입니다. 환란을 이겨낼 때 우리가 성장할 수 있습니다. 이 성장을 위해서는 하나님의 관계가 중요합니다.

그 다음은 **"저주의 헬라"**입니다. 하나님은 우리의 삶에 저주를 붙여놓습니다. 우리가 하는 일마다 뭔가 안 될 때 하나님과의 관계를 생각해봐야 합니다. 하나님과의 관계가 없으면, 우리는 이 문제를 해결할 수 없습니다.

마지막으로 **"마귀의 로마"**입니다. 하나님이 사탄을 여러분 옆에 붙여놓았습니다. 하나님은 사탄을 통하여 여러분을 양육하십니다. 그리고 성장하길 원하십니다.

하나님이 자기 자녀를 양육할 때, 그 목표가 우리와 다릅니다.

육신의 가정에서 여러분이 자녀를 양육할 때 유치원 때부터 초등학교, 중학교, 고등학교를 보내잖습니까? 그런데 양육하는 부모와 양육을 받는 자녀하고 생각이 다릅니다. 부모는 자녀들의 미래를 생각하며 멀리 보면서 양육합니다. 그런데 자녀들은 멀리 보지 못 합니다. 지금 당장만 생각합니다.

하나님도 우리를 양육할 때, 우리와 다른 생각을 합니다. 하나님의 관심사는 이 세상이 아닙니다. 하나님이 우리를 양육할 때 하나님의 나라에 초점을 둡니다. 그런데 우리는 하나님의 나라가 아니라 이 세상을 바라봅니다. 관심사가 다르기 때문에 우리와 충돌이 일어납니다.

우리가 자녀를 양육할 때도 마찬가지입니다. 우리의 양육의 초점은 이 세상입니다. 그러니까 이 부분에서도 하나님과 충돌이 일어납니다. 양육의 목표가 다르니까 일어나는 일입니다.

하나님의 양육에 초점을 맞춰야 합니다. 하나님과 충돌없이 하나님의 양육을 배워야 합니다. 이스라엘의 양육일지를 통해 하나님의 양육 방법을 배우기 바랍니다.

> 기도

"사랑의 하나님, 감사합니다. 이스라엘을 양육하기 위해서 주변에 초강대국을 세우셨던 것처럼 우리의 삶에서도 여러 문제들을 주시는 줄 압니다. 우리의 삶을 하나님의 나라에 초점을 맞추고 하나님과의 관계가 올바르게 잘 형성이 될 수 있도록 살아가게 하옵소서. 하나님의 양육의 목표대로 우리가 살아가게 하옵소서. 예수님의 이름으로 기도하옵나이다. 아멘."

02

하나님과의 관계 : 아버지

이사야 43장 1-5절

¹야곱아 너를 창조하신 여호와께서 이제 말씀하시느니라 이스라엘아 너를 조성하신 자가 이제 말씀하시느니라 너는 두려워 말라 내가 너를 구속하였고 내가 너를 지명하여 불렀나니 너는 내 것이라 ²네가 물 가운데로 지날 때에 내가 함께할 것이라 강을 건널 때에 물이 너를 침몰치 못할 것이며 네가 불 가운데로 행할 때에 타지도 아니할 것이요 불꽃이 너를 사르지도 못하리니 ³대저 나는 여호와 네 하나님이요 이스라엘의 거룩한 자요 네 구원자임이라 내가 애굽을 너의 속량물로, 구스와 스바를 너의 대신으로 주었노라 ⁴내가 너를 보배롭고 존귀하게 여기고 너를 사랑하였은즉 내가 사람들을 주어 너를 바꾸며 백성들로 네 생명을 대신하리니 ⁵두려워 말라 내가 너와 함께 하여 네 자손을 동방에서부터 오게하며 서방에서부터 너를 모을 것이며

아이를 낳고 몇 달 지나면, 아이는 옹알이를 합니다. 말을 배우기 시작하는 겁니다. 그때가 되면 부모들은 거짓말을 하게 되어 있습니다. 엄마는 "엄마"라고 했다고 이야기하고, 아빠는 "아빠"라고 했다고 합니다. 아이는 옹알옹알한 건데 자기를 불렀다고 말하는 겁니다. 하나님도 마찬가지입니다. 하나님의 자녀인 우리의 입술을 통해 하나님의 이름을 불러주시기를 원하십니다. **"아버지."**

호세아 11장 1절을 읽어봅시다.

"이스라엘의 어렸을 때에 내가 사랑하여 내 아들을 애굽에서 불러내었거늘"(호 11:1).

하나님은 이스라엘을 향하여 '내 아들'이라고 했습니다. 하나님이 나를 향하여 내 아들이라고 부른다면 이보다 더한 축복이 어디 있겠습니까? 우리가 하나님 아버지와의 관계가 확실하게 정돈이 되면 그 어떤 것도 겁낼 필요가 없습니다. 내 옆에 어떤 큰 나라가 와서 위협을 해도 겁낼 필요가 없습니다.

물질의 애굽, 질병의 앗수르, 가정의 바벨론, 환란의 페르시아, 저주의 헬라, 마귀의 로마를 겁낼 필요가 없습니다. 사실 이스라엘과 이들의 나라를 비교하면 절대 못 이깁니다. 이스라엘은 숫자도 적고 힘이 약합니다. 그런데 강대국들을 이길 수 있는 길이 있습니다. 그것은 바로 하나님과의 관계를 확실하게 정돈하면, 하나님의 능력으로 이기는 겁니다. 믿습니까?

이사야 43장 1-5절을 읽어봅시다.

"야곱아 너를 창조하신 여호와께서 이제 말씀하시느니라 이스라엘아 너를 조성하신 자가 이제 말씀하시느니라 너는 두려워 말라 내가 너를 구속하였고 내가 너를 지명하여 불렀나니 너는 내 것이라 네가 물 가운데로 지날 때에 내가 함께할 것이라 강을 건널 때에 물이 너를 침몰치 못할 것이며 네가 불 가운데로 행할 때에 타지도 아니할 것이요 불꽃이 너를 사르지도 못하리니 대저 나는 여호와 네 하나님이요 이스라엘의 거룩한 자요 네 구원자임이라 내가 애굽을 너의 속량물로, 구스와 스바를 너의 대신으로 주었노라 내가 너를 보배롭고 존귀하게 여기고 너를 사랑하였은즉 내가 사람들을 주어 너를 바꾸며 백성들로 네 생명을 대신하리니 두려워 말라 내가 너와 함께 하여 네 자손을 동방에서부터 오게 하며 서방에서부터 너를 모을 것이며"(사 43:1-5).

이것은 이스라엘이 하나님과의 관계가 잘 이루어질 때 하나님은 애굽을 다스리게 해 준다는 겁니다. 우리가 직접 못 이겨도 하나님과의 관계로 이기는 겁니다. 하나님과 좋은 관계를 가지면 모든 것에서 이기는 겁니다.

앗수르와 전쟁할 때도 병력의 차이가 엄청났습니다. 절대 이길 수 없었습니다. 그때 히스기야가 두 손을 들고 기도했습니다.

"상천지하의 하나님, 눈을 만드신 하나님 보시옵소서. 내가 지금 내 심정이 애를 낳아야 하나 애 낳을 힘이 없나이다. 눈이 있으면 보시옵소서. 귀가 있으면 들으시옵소서. 저 앗수르의 산헤립이라는 놈이 우리를 먹으러 왔나이다."

그렇게 하나님 앞에 눈물로 기도했더니, 하나님이 천사 하나를 보내셨습니다. 그가 앗수르 군대 18만 5천 명을 하룻밤 사이에 물리쳤습니다. 아멘. 지금 한국 교회가 히스기야와 같은 마음으로 하나님께 기도할 때 전쟁에서 큰 승리를 주신다는 겁니다.

물질에 대해서도 하나님과의 관계가 온전하게 되면 물질은 신경 쓰지 않아도 됩니다. 하나님이 우리의 필요를 채워주십니다. 하나님과의 관계가 온전하게 세워지면 하나님께 물질을 심게 됩니다. 그리고 하나님은 심는 대로 주십니다. 그리고 30배, 60배, 100배의 열매로 갚아주십니다.

하나님의 영적 질서

우리의 삶에서 우리의 생각대로 되면 참 좋겠다는 생각을 합니다. 하지만 하나님의 영적 질서가 있습니다. 우리가 옳고 그름, 정의라고 생각하는 것과 하나님의 영적 질서는 다릅니다. 모세를 봅시다. 모세가 이스라엘 백성들에게 이렇게 이야기했습니다.

"이스라엘 백성 여러분, 절대 이방 여자와 결혼하지 마세요."

그런데 모세가 훗날에 누구랑 결혼했는지 아십니까? 이방 여인인 구스 여자와 결혼했습니다. 이거 잘 한 일입니까? 아닙니다. 잘못한 겁니다. 그래서 미리암하고 아론이 모세를 험담했습니다.

"모세야 잠깐 이야기 좀 하자. 네가 선지자면 선지자지, 지난 번에 이방 여자하고 결혼하지 말라 해놓고, 너는 구스 여자하고 결혼을 하냐!"

사실 육신의 계열로 따지면 아론과 미리암이 동생인 모세에게 책망할 수 있는 이야기입니다. 그런데 하나님은 그렇지 않았습니다. 하나님은 영적 질서가 딱 서는 겁니다. 하나님이 다음 날 뭐라고 하십니까?

"아론아, 잠깐 보자. 미리암아, 잠깐 보자. 어찌하여 내 종 모세를 대적했느냐?"
"바람피웠으니까 대적했지요."
"바람피우고 안 피고는 나하고 관계지. 니들이 왜 험담해? 문둥병!"

그다음 날부터 이 두 사람은 문둥병이 걸렸습니다. 모세를 험담한 이들이 하나님으로부터 벌을 받았습니다. 여러분, 이게 이해가 됩니까? 성경을 보면, 이렇게 이해가 안 되는 사건들이 너무 많은 겁니다. 성경을 자세히 읽어보면, 진짜 이해가 안 되는 사건이 너무 많습니다.

우리의 생각이 이게 옳다고 생각하고, 이성으로 볼 때 일어날 수 없는 일이 일어납니다. 하나님이 일하시기 때문입니다. 우리의 힘으로, 능력으로는 절대 이기지 못하는 것들을 하나님의 능력으로 이기십니다. 이스라엘이 애굽을 어떻게 이깁니까? 앗수르와 바벨론을 어떻게 이깁니까? 페르시아, 헬라, 로마도 마찬가지입니다. 그런데 우리가 하나님과의 관계를 올바르게 형성이 되면, 애굽을 이깁니다. 앗수르와 바벨론을 이깁니다. 페르시아, 헬라, 로마를 가지고 놉니다. 사탄 마귀를 우리가 이깁니다. 하나님 아버지와의 관계가 중요합니다.

하나님과의 관계

여러분, 하나님과 아버지의 관계가 잘 형성되기를 원하십니까? 여러분이 하나님께 "아버지" 하고 부르면 됩니다. 그러면 하나님이 "오냐" 하고 대답하십니다. 여러분이 아버지를 불렀을 때 사탄 마귀가 "오냐. 너는 내 새끼야" 하고 대답하지 않습니다.

고린도후서 6장 16-18절을 읽어봅시다.

"하나님의 성전과 우상이 어찌 일치가 되리요 우리는 살아 계신 하나님의 성전이라 이와 같이 하나님께서 가라사대 내가 저희 가운데 거하며 두루 행하여 나는 저희 하나님이 되고 저희는 나의 백성이 되리라 하셨느니라 그러므로 주께서 말씀하시기를 너희는 저희 중에서 나와서 따로 있고 부정한 것을 만지지 말라 내가 너희를 영접하여 너희에게 아버지가 되고 너희는 내게 자녀가 되리라 전능하신 주의 말씀이니라 하셨느니라"(고후 6:16-18).

우리가 "아버지"라고 부르는 존재는 하나님이십니다. 하나님이 아버지가 되고 우리는 자녀가 된다고 전능하신 주님께서 말씀하셨습니다. 하나님이 우리의 아버지란 말입니다. 우리의 아버지이신 하나님이 "내가 너를 책임진다" 하고 말씀하신다는 겁니다. 부모는 자식을 책임지게 되어 있습니다.

물질, 질병, 가정, 환란, 저주, 마귀." 이런 것들이 우리에게 와도 우리가 "아버지" 하고 한 번만 부르면 도망가기 바쁩니다. 우리가 "아버지" 하고 부르면, "오냐 알았다. 마귀가 너를 건드렸구나" 하고 하나님이 마귀를 싹 물리치십니다. 믿습니까? 하나님이 함께하는 자는 그 누구도 못 이깁니다.

호세아 11장 1-2절을 읽어봅시다.

"이스라엘의 어렸을 때에 내가 사랑하여 내 아들을 애굽에서 불러내었거늘 선지자들이 저희를 부를수록 저희가 점점 멀리하고 바알들에게 제사하며 아로새긴 우상 앞에서 분향하였느니라"(호 11:1-2).

앞서 말한 것처럼 하나님이 이스라엘을 아들로 불렀는데, 하나님과의 관계가 무너졌다는 겁니다. 아버지와 아들의 관계가 끊어진 겁니다. 다른 신을 섬기고, 우상에서 분향을 한 겁니다. 하나님을 아버지로 인정하지 않은 겁니다. 하나님은 관계의 단절을 회복하기 위해서 선지자들을 통하여 권면했습니다. 오늘날 목회자들이 여러분에게 권면하는 것과 같습니다.

호세아 11장 3-5절을 읽어봅시다.

"그러나 내가 에브라임에게 걸음을 가르치고 내 팔로 안을찌라도 내가 저희를 고치는 줄을 저희가 알지 못하였도다 내가 사람의 줄 곧 사랑의 줄로 저희를 이끌었고 저희에게 대하여 그 목에서 멍에를 벗기는 자 같이 되었으며 저희 앞에 먹을 것을 두었었노라 저희가 애굽 땅으로 다시 가지 못하겠거늘 내게 돌아 오기를 싫어하니 앗수르 사람이 그 임금이 될 것이라"(호 11:3-5).

그렇게 권면을 했음에도 이스라엘은 깨닫지 못했습니다. 하나님이 이스라엘을 양육할 때 사랑의 줄로 키웠지만, 이스라엘은 그것을 알지 못했습니다. 결국 하나님과 아버지의 관계가 끊어지게 됩니다. 그리고 초강대국인 앗수르의 지배를 받게 됩니다.

하나님이 우리의 아버지가 되는 길은 하나밖에 없습니다. 착하게 산다고 아버지가 됩니까? 돈이 많다고 아버지가 됩니까? 지식이 많고 명예가 있다고 아버지가 됩니까? 아닙니다. 우리가 지상에서 육신의 아버지라고 부르는 사람은 하나입니다. 이 세상에 수없이 많은 남자들이 있어도 아버지라고 부를 수 있는 사람은 하나입니다. 바로 나에게 생명을 준 사람이 나의 아버지입니다.

나에게 생명을 줬기 때문에 아버지라고 부르는 겁니다. 바로 "**생명**"입니다.

예수 그리스도의 보혈의 피

우리가 하나님을 아버지라고 부르는 것도 하나님께서 우리에게 생명을 주셨기 때문입니다. 영적 생명을 주셨기 때문에 하나님을 아버지라고 부르는 겁니다. 하나님이 우리에게 영적 생명을 주시는 관계의 핵심은 바로 "**피**"입니다. 피의 관계로서만 아버지가 되는 겁니다.

육신의 아버지도 우리가 아버지의 피를 받은 겁니다. 아버지의 씨를 통해 다 태어난 겁니다. 이렇듯 영적 세계에서도 우리가 주님의 피를 이어받았다는 겁니다.

요한복음 6장 53-56절을 보면 아주 잘 나타나 있습니다.

"예수께서 이르시되 내가 진실로 진실로 너희에게 이르노니 인자의 살을 먹지 아니하고 인자의 피를 마시지 아니하면 너희 속에 생명이 없느니라 내 살을 먹고 내 피를 마시는 자는 영생을 가졌고 마지막 날에 내가 그를 다시 살리리니 내 살은 참된 양식이요 내 피는 참된 음료로다 내 살을 먹고 내 피를 마시는 자는 내 안에 거하고 나도 그 안에 거하나니."(요 6:53-56).

"**예수의 피**"란 말입니다. 육신의 아버지는 육신의 피고, 영의 하나님 아버지는 예수 그리스도의 보혈입니다. 피의 생명이 있습니다. 예수 피를 제대로 아는 사람은 하나님이 아버지가 되는 겁니다. 예수 피를 모르고 하나님을 아버지로 불러봤자, 하나님은 대답 안 하는 겁니다. 하나님은 예수 그리스도의 보혈의 피를 부르는 자에게 응답하십니다. "**예수 그리스도의 피**."

여러분과 제가 하나님의 자녀가 되고 구원받은 것은 오직 예수 그리스도의 보혈의 피 때문입니다. 하나님은 예수 그리스도의 피로 맺은 아버지와 아들의 관계를 놓지 않으십니다. 우리를 구원하시기 위해 손을 꼭 잡고 계십니다. 자식이 부모를 버릴지언정 부모는 자식을 버리지 않습니다. 하나님도 마찬가지입니다. 여러분과 제가 하나님을 버려도 하나님은 우리를 버리지 않는 겁니다.

우리의 행위, 착한 행동, 지식, 명예, 부 등 그 어느 것으로도 하나님을 아버지로 부를 수 없습니다. 하나님은 예수 그리스도의 보혈의 피를 제대로 부르는 자에게 하나님의 자녀로 응답해 주십니다. 이것이 바로 보혈의 능력입니다. 보혈의 깊이를 우리가 알아야 합니다. 예수 피를 제대로 아는 사람은 하나님이 우리의 아버지가 되고, 피를 모르면 불러봤자 헛방입니다. "**아버지**" 하고 불러봤자 하나님은 대답이 없고, 사탄이 대답해 버립니다.

"오냐. 내 새끼야."

여러분, 이건 아주 중요한 겁니다. 영적 생명이 내게 온 사람을 아버지라고 부르는데, 이 아버지라고 부를 수 있도록 도와주시는 분이 바로 하나님의 영입니다.

로마서 8장 9-15절을 읽어봅시다.

"만일 너희 속에 하나님의 영이 거하시면 너희가 육신에 있지 아니하고 영에 있나니 누구든지 그리스도의 영이 없으면 그리스도의 사람이 아니라 또 그리스도께서 너희 안에 계시면 몸은 죄로 인하여 죽은 것이나 영은 의를 인하여 산 것이니라 예수를 죽은 자 가운데서 살리신 이의 영이 너희 안에 거하시면 그리스도 예수를 죽은 자 가운데서 살리신 이가 너희 안에 거하시는 그의 영으로 말미암아 너희 죽을 몸도 살리시리라 그러므로 형제들아 우리가 빚진 자로되 육신에게 져서 육신대로 살 것이 아니니라 너희가 육신대로 살면 반드시 죽을 것이로되 영으로써 몸의 행실을 죽이면 살리니 무릇 하나님의 영으로 인도함을 받는 그들은 곧 하나님의 아들이라 너희는 다시 무서워하는 종의 영을 받지 아니하였고 양자의 영을 받았으므로 아바 아버지라 부르짖느니라"(롬 8:9-15).

하나님의 영이 너희 속에 있어야 된다고 말합니다. 그러니까 우리가 하나님을 아바 아버지라 부른다는 것은 내 힘이 아니라 내 속에 성령이 오실 때 가능한 겁니다. 그럼 이 성령이 언제 오느냐? 그것은 우리가 거듭날 때입니다. 거듭나는 것은 예수 그리스도가 보혈의 피를 흘림으로 우리를 구원하셨다는 것을 고백하는 겁니다.

로마서 8장 14-15절을 다시 읽어봅시다.

"무릇 하나님의 영으로 인도함을 받는 그들은 곧 하나님의 아들이라 너희는 다시 무서워하는 종의 영을 받지 아니하였고 양자의 영을 받았으므로 아바 아버지라 부르짖느니라"(롬 8:14-15).

그러니까 우리가 우리의 입으로 하나님을 아버지라고 부른다는 자체가 얼마나 큰 축복인 줄 알아야 됩니다. 믿습니까? 이걸 쉽게 생각하면 안 됩니다. 하나님이 나의 아버지가 안 된 사람은, 영적 생명이 오지 않은 사람은 교회에 와서 하나님 아버지라고 못 부릅니다. 성령이 내 안에 와야 비로소 하나님을 아버지로 부를 수 있는 힘이 생기는 겁니다.

우리가 예수 그리스도의 보혈의 피를 고백하고 하나님을 아버지로 부르면 우리의 삶은 변화될 수밖에 없습니다.

요한복음 6장 30절을 읽어봅시다.

"오늘 있다가 내일 아궁이에 던지우는 들풀도 하나님이 이렇게 입히시거든 하물며 너희일까보냐 믿음이 적은 자들아"(요 6:30).

예수님이 하나님에 대해서 이야기를 하는데, "하물며"라는 단어가 나옵니다. 저는 성경을 읽다가 **"하물며"**라는 말에 꽂혀서 하루 종일 여기에만 멈춰 있을 때가 있었습니다.

마태복음 7장 11절을 읽어봅시다.

"너희가 악한 자라도 좋은 것으로 자식에게 줄줄 알거든 하물며 하늘에 계신 너희 아버지께서 구하는 자에게 좋은 것으로 주시지 않겠느냐"(마 7:11).

여기에도 "**하물며**"라는 단어가 나옵니다. 육신의 아버지 중에 악한 자라도 좋은 것으로 자식에게 주는데, 하늘에 계신 아버지가 그보다 못하겠느냐는 겁니다. 더 좋은 것으로 주시지 않겠느냐고 말합니다.

하나님이 어떤 분이십니까? 전지전능하신 분이십니다. 악한 사람도 자식에게 좋은 것을 주는데, 하물며 전지전능하신 하나님은 그보다 더 좋은 것을 주시는 것은 당연한 겁니다. 하나님은 "**하나님의 자녀**"에게 좋은 것으로 가득 채워주고 싶은 마음입니다. "**하자님의 자녀**"가 원하는 것은 먼저 해주시고 싶어 합니다.

여기 중요한 것은 하나님이 좋은 것으로 채워주는 대상이 바로 "**하나님의 자녀**"라는 겁니다. 하나님의 자녀는 하나님과 피의 관계를 맺은 사람입니다. 그러니까, 예수 그리스도의 보혈의 피를 고백하지 않고 하나님의 자녀가 되지 못한 사람은 여기에 해당되지 않는다는 겁니다. 그래서 우리는 보혈의 고백, 보혈의 찬양을 계속 불려야 합니다. 음정이 맞지 않고 음치라도 계속 예수 그리스도의 보혈의 피를 불러야 합니다. 우리 주님은 좋아하십니다.

하나님 아버지는 "알았다. 알았다. 내 새끼, 예쁘다" 하고 말씀하십니다.

보혈 메들리를 부르면 사탄이가 떠나가 버립니다. 하늘의 아버지는 보혈을 부르는 사람에게 찾아오십니다. "너는 내 것이다. 너는 내 거야" 하고 하나님이 우리의 아버지가 되어 주기를 원하십니다. 보혈 외에 다른 건 다 안 됩니다. 보혈을 통과한 그 다음에 우리 행위가 하나님께 열납됩니다. 보혈 없이 우리의 행위로만 하나님께 나아가려면 하나님이 안 받아 버린단 말입니다.

회개

하나님과의 관계가 좋지 않을 때, 그것을 바로 잡을 수 있는 방법은 회개뿐입니다. 회개는 하나님과의 관계를 바로 세우는 첫 번째 시작입니다.

회개는 복잡하고 어려운 게 아닙니다. 회개는 부르짖음으로 하는 겁니다. 부르짖음에는 능력이 있습니다. '주여' 하고 부르짖는 겁니다. 여기에는 '내가 예수 그리스도의 보혈의 피를 통해 구원 받는 것을 믿습니다'라는 고백이 들어 있는 겁니다. 그리고 '하나님과의 관계가 나의 죄 때문에 깨진 것을 고백합니다'라는 회개의 기도가 들어 있는 겁니다.

시편 107편 1-20절을 읽어봅시다.

"여호와께 감사하라 그는 선하시며 그 인자하심이 영원함이로다 여호와께 구속함을 받은 자는 이 같이 말할찌어다 여호와께서 대적의 손에서 저희를 구속하사 동서 남북 각 지방에서부터 모으셨도다 저희가 광야 사막 길에서 방황하며 거할 성을 찾지 못하고 주리고 목마름으로 그 영혼이 속에서 피곤하였도다 이에 저희가 그 근심 중에 여호와께 부르짖으매 그 고통에서 건지시고 또 바른 길로 인도하사 거할 성에 이르게 하셨도다 여호와의 인자하심과 인생에게 행하신 기이한 일을 인하여 그를 찬송할찌로다 저가 사모하는 영혼을 만족케 하시며 주린 영혼에게 좋은 것으로 채워주심이로다 사람이 흑암과 사망의 그늘에 앉으며 곤고와 쇠사슬에 매임은 하나님의 말씀을 거역하며 지존자의 뜻을 멸시함이라 그러므로 수고로 저희 마음을 낮추셨으니 저희가 엎드러져도 돕는 자가 없었도다 이에 저희가 그 근심 중에 여호와께 부르짖으매 그 고통에서 구원하시되 흑암과 사망의 그늘에서 인도하여 내시고 그 얽은 줄을 끊으셨도다 여호와의 인자하심과 인생에게 행하신 기이한 일을 인하여 그를 찬송할찌로다 저가 놋문을 깨뜨리시며 쇠 빗장을 꺾으셨음이로다 미련한 자는 저희 범과와 죄악의 연고로 곤난을 당하매 저희 혼이 각종 식물을 싫어하여 사망의 문에 가깝도다 이에 저희가 그 근심 중에서 여호와께 부르짖으매 그 고통에서 구원하시되 저가 그 말씀을 보내어 저희를 고치사 위경에서 건지시는도다"(시 107:1-20).

우리가 주여 하고 부르짖을 때, 하나님과의 관계가 보인단 말입니다. 우리가 하나님과의 관계에서 뭔가 이상하다는 생각이 들면, '주여' 하고 부르짖는 겁니다. 우리가 부르짖음으로 하나님과의 관계를 바로 세울 수 있는 길이 열리는 겁니다. 우리의 부르짖음에 하나님이 응답하시는 겁니다. 그리고 우리 앞에 놓인 애굽, 블레셋, 미디안과 같은 적들에서 구원해 주시는 겁니다.

아버지

정말 이게 중요한 건 하나님과 우리와의 관계성에 제1단어가 "**아버지**"입니다. 아버지를 회복해야 합니다. 그러면 모든 게 끝나 버립니다. 이스라엘의 실력으로는 애굽을 이길 수 없습니다. 앗수르, 못 이깁니다. 바벨론, 페르시아, 헬라, 로마, 이 모든 걸 이길 수 있습니까? 절대 못 이깁니다. 그런데 이걸 이스라엘이 이깁니다. 어떻게요? 아버지이신 하나님의 능력으로 이깁니다. 이스라엘이 "아버지" 하고 부르짖으면, 이러면 꼼짝도 못합니다.

지금 우리가 살고 있는 이 시대에서 우리의 힘으로 물질, 질병, 가정, 자녀, 환란을 이기지 못합니다. 마귀, 우리는 못 이깁니다. 하지만 우리가 하나님 아버지의 이름으로 이기는 겁니다. 우리 주위에 있는 물질의 애굽, 질병의 앗수르, 바벨론, 이 모든 제국은 양면성이 있습니다. 우리가 하나님 아버지와의 관계가 형성이 되지 않으면 우리가 제국들의 밥이 되지만, 반대로 우리가 하나님 아버지와의 관계가 형성이 되면 하나님이 이걸 밥으로 주려고 그러는 겁니다.

이스라엘 백성들이 애굽에서 나와서 젖과 꿀이 흐르는 땅, 가나안을 향했습니다. 하나님이 정말 아름다운 땅을 주신다고 해서 모세의 말을 듣고 이스라엘 백성들이 광야를 지나서 가나안 땅에 갔습니다. 모세가 12명의 정탐꾼을 가나안 땅으로 보냈습니다. 정탐꾼이 본 가나안 땅은 정말 젖과 꿀이 흐르는 아름다운 땅이었습니다. 그런데 거기에서 가나안 7족속이 살고 있었습니다. 가나안 족속, 헷 족속, 히위 족속, 브리스 족속, 기르가스 족속, 아모리 족속, 여부스 족속입니다.

정탐꾼들이 본 가나안 7족속은 네피림같이 생겼다고 했습니다. 용사, 거인이라는 뜻이 있습니다. 가나안 7족속과 비교했을 때 이스라엘 백성은 메뚜기와 같다고 할 정도로 신체적인 차이가 크다는 것을 알 수 있습니다.

이 모습을 보고 정탐꾼 중에 열 명이 이렇게 이야기합니다.

"젖과 꿀이 흐른 땅 맞는데. 이미 거기는 가나안 7족속이 차지하고 있어. 그들은 네피림처럼 생겼어. 그들과 비교할 때 우리는 메뚜기야. 우리가 상대할 족속이 아니야. 우리는 다 죽을 거야."

하나님이 주시려는 젖과 꿀이 흐르는 땅, 가나안에 다른 족속이 살고 있었습니다. 이스라엘 백성들이 어떻게 해 볼 수 있는 상대가 아니었습니다. 그러니 불평과 불만이 나왔습니다.

"애굽에서 잘 살고 있었는데, 여기서 죽게 하느냐?"
"힘들게 광야 길을 걸어왔는데, 이게 뭐냐?"

그런데 하나님은 이들에게 이렇게 이야기합니다.

"너희들이 애굽에서 고생하고 광야 길을 걸어오면서 또 고생했기 때문에 너희들이 오면 마실 물을 그들을 통하여 샘을 파놓게 했어. 너희들이 살 집을 먼저 다 지어 놓게 하려고 했어. 너희들을 예비하기 위해서 가나안 7족속을 거기다 살게 해 줬다 이거야. 너희들이 내 말을 믿고 들어가면 가나안 7족속은 물러가게 된다 이거야."

우리에게는 대항할 수 없는 7족속이지만, 하나님에게는 아무 힘도 없는 7족속입니다. 이와 같이 우리는 물질, 질병 등을 보고 '하나님 왜 나한테 이런 가시를 주십니까?' 하고 걱정하지만, 우리가 하나님 아버지와의 관계가 바로 되면, 우리가 문제라고 생각하는 것들이 우리의 밥이 됩니다.

그래서 우리에게 필요한 것은 하나님 아버지와의 관계입니다. 이게 잘 형성이 되어야 합니다. 성경이 이걸 우리에게 말하고 있는 겁니다. 성경은 어려운 것 같지만, 아주 단조롭게 되어 있습니다.

하나님은 우리에게 교회에 와서 아버지를 한 번 불러달라는 겁니다. 아버지와 자녀와 관계를 형성하기를 원하십니다. 그걸 기다리고 계십니다. 그런데 그걸 못합니다. 교회를 20년, 30년을 다녀도 하나님 아버지와의 관계를 형성하지 못하는 분들이 많다는 겁니다. "아버지" 하고 부르는 연습을 해봅시다. **"하나님, 아버지."**

예배 4대 요소

우리가 아버지를 부르면, 우리의 모든 문제들이 다 해결되는 것이 맞습니다. 그런데 아버지를 불러도 하나님의 능력이 우리에게 임하지 않는 경우가 있습니다. 그건 하나님을 아버지라고 부르지만, 우리가 하나님을 아버지로 섬기는 데에 문제가 있는 겁니다.

하나님을 아버지로 섬기는 것에 문제가 되는 대표적인 것이 예배입니다. 예배에는 4대 요소가 있습니다.

먼저, 찬송입니다. 찬송은 하나님을 섬길 때 마음을 다하고 성품을 다하고 불러야 합니다. 찬송을 부를 때 하품을 하거나 마음에 화를 가지고 있으면 안 됩니다. 눈도 다른 데, 생각도 다른 데, 입도 다른 데 있으면 하나님 섬김이 안 된다는 말입니다. 찬송 하나를 불러도 온 마음과 정성을 다해서 불러야 됩니다.

다음은 기도입니다. 기도할 때도 마음을 다하고 성품을 다 해서 기도해야 합니다. 건성으로 하면 안 됩니다. 통성기도를 할 때도 간절한 마음으로 해야 하는데, 가만히 있거나 성의없이 하는 경우가 있습니다. 예수님이 겟세마네 동산에서 간절히 기도했던 것처럼 통성기도를 할 때 땀방울이 뚝뚝 떨어지도록 정말 간절한 마음으로 기도해야 합니다.

그다음은 말씀입니다. 말씀을 듣는 것도 자세를 똑바로 하고 집중해서 들어야 합니다. 하나님이 나에게 어떤 말씀을 하시는지 사모하는 마음으로 말씀을 들어야 합니다. 딴 생각을 하거나 주변 상황에 신경을 쓰면 안 됩니다. '아멘' 하고 말씀 듣는 것을 방해 놓는 것들을 없애야 합니다.

그다음은 헌금입니다. 헌금 이야기를 하면 맨날 돈 이야기한다고 하는 분도 계시겠지만, 물질을 드리는 행위가 섬기는 부분입니다.

우리가 육신의 부모에게 순종해도 복이 오거늘 하늘의 아버지에게 순종하면 더 큰 복이 임할 겁니다.

> **기도**
>
> "하나님이 살아계심을 분명히 알고 있습니다. 또한 하나님이 나의 아버지가 되었음을 분명히 알고 있습니다. 나의 아버지가 되신 하나님의 능력으로 나의 모든 문제들이 해결될 것을 믿습니다. 두 손 높이 들고 하나님 앞에 나아가며, 나의 아버지가 되시는 하나님을 섬기겠습니다. 나를 받아주시옵소서. 예수 그리스도의 이름으로 기도하옵나이다. 아멘."

03

하나님과의 관계 : 남편

호세아 2장 18-20절
[18]그 날에는 내가 그들을 위하여 들짐승과 공중의 새와 땅의 곤충과 더불어 언약을 맺으며 또 이 땅에서 활과 칼을 꺾어 전쟁을 없이하고 그들로 평안히 눕게 하리라 [19]내가 네게 장가 들어 영원히 살되 공의와 정의와 은총과 긍휼히 여김으로 네게 장가 들며 [20]진실함으로 네게 장가 들리니 네가 여호와를 알리라

아가서 3장 1-4절
[1]내가 밤에 침상에서 마음에 사랑하는 자를 찾았구나 찾아도 발견치 못하였구나 [2]이에 내가 일어나서 성중으로 돌아다니며 마음에 사랑하는 자를 거리에서나 큰 길에서나 찾으리라 하고 찾으나 만나지 못하였구나 [3]성중의 행순하는 자들을 만나서 묻기를 내 마음에 사랑하는 자를 너희가 보았느냐 하고 [4]그들을 떠나자마자 마음에 사랑하는 자를 만나서 그를 붙잡고 내 어미 집으로, 나를 잉태한 자의 방으로 가기까지 놓지 아니하였노라

아가서 4장 1-5절

¹내 사랑 너는 어여쁘고도 어여쁘다 너울 속에 있는 네 눈이 비둘기 같고 네 머리털은 길르앗산 기슭에 누운 무리 염소 같구나 ²네 이는 목욕장에서 나온 털 깎인 암양 곧 새끼 없는 것은 하나도 없이 각각 쌍태를 낳은 양 같구나 ³네 입술은 홍색 실 같고 네 입은 어여쁘고 너울 속의 네 뺨은 석류 한 쪽 같구나 ⁴네 목은 군기를 두려고 건축한 다윗의 망대 곧 일천 방패, 용사의 모든 방패가 달린 망대 같고 ⁵네 두 유방은 백합화 가운데서 꼴을 먹는 쌍태 노루 새끼 같구나

여러분의 손에 성경이 있다고 생각해 봅시다. 성경은 신약과 구약으로 나뉘어졌는데, 신약과 구약 중에서 어떤 것이 더 두껍습니까? 구약성경입니다. 구약성경을 일독하는 거, 힘듭니다. 신구약성경을 한 번 읽으려면 최소 40일이 걸립니다.

그런데 40일 동안 성경을 한 번 읽어도 성경이 한 눈에 금방 안 들어옵니다. 특별히 구약성경은 몇 번을 읽어도 쉽게 감이 안 잡힙니다. 성경에서 일어나는 큰 사건들은 눈에 보이지만, 구약성경을 읽을수록 성경에서 뭘 말하는지 잘 모릅니다.

'구약성경은 이스라엘의 역사다.'
'구약성경은 예수님이 오시기 전에 써진 성경이다.'
'구약성경은 옛 언약이다.'

이런 말을 합니다. 이 말들이 다 맞습니다. 그런데 저는 오늘 구약성경을 이렇게 말하고 싶습니다. 구약성경은 하나님이 이스라엘 백성을 택하시고 이 백성을 하나님의 친자녀로 삼으셔서 키워내신 양육일지입니다.

우리가 지금 계속 이스라엘의 양육일지에 대해서 이야기하고 있습니다. 구약성경을 읽어보면, 하나님이 이스라엘 백성을 어떻게 키웠는지 자세히 기록되어 있습니다. 앞서 이야기했지만, 하나님은 이스라엘을 쉽게 키우지 않으셨습니다. 바로 옆에 초강대국을 세워서 이스라엘이 하나님과의 관계를 잘 맺을 수 있도록 했습니다.

하나님과의 관계가 잘 형성이 되면 주변의 초강대국들은 이스라엘에게 큰 위협이 되지 않았습니다. 오히려 이스라엘의 밥이 됐습니다. 하지만 하나님과의 관계가 형성이 잘 되지 않으면 주변의 초강대국들에게 핍박을 받았습니다.

이렇게 이스라엘의 양육일지를 통해서 오늘 신약시대를 살고 있는 여러분과 제가 어떻게 성장해야 하는지 알려주는 겁니다. 우리는 하나님의 자녀입니다. 하나님은 우리의 아버지가 되십니다. 우리를 양육하시는 하나님과의 관계가 잘 형성이 되면 우리의 삶에 문제 될 것이 없습니다. 왜냐하면, 아버지이신 하나님의 능력으로 그 문제들을 해결해 주시기 때문입니다.

우리는 우리에게 생명을 주신 하나님을 아버지라 부르는 축복을 받았습니다. 그 축복을 감사함으로 여기고 살아야 하는데, 그걸 모르고 사는 사람들이 많습니다. 하나님이 이스라엘을 향해 아버지가 되겠다고 하신 것처럼 우리에게 아버지가 되겠다고 말씀합니다. 우리가 해야 할 것은 하나님이 예수 그리스도의 보혈의 피로 말미암아 우리를 구원하신다는 것을 믿음으로 고백하는 겁니다. 그러면 하나님이 우리의 아버지가 되고, 우리는 하나님의 자녀가 되는 겁니다.

육신의 아버지는 육의 생명을 줬지만, 영의 아버지인 하나님 아버지는 영의 생명을 줬습니다. 하나님이 우리에게 영적 생명을 주셨다는 것은 새로운 영적 생명을 하나 창조해서 우리에게 새로 준 게 아니고 하나님 자신의 생명줄을 우리 속에 그대로 연결시켜 놨다는 겁니다. 그러니까 내 속에 있는 영적 생명과 하나님의 생명은 분리할 수 없는 동일한 겁니다.

그래서 자녀인 우리가 아버지인 하나님을 잘 섬겨야 됩니다. 섬김으로 하나님과의 관계를 잘 형성할 수 있습니다.

남편이 되시기 원하시는 하나님

하나님은 이스라엘과 아버지와 자녀의 관계를 원하시는 것처럼, 또한 남편과 신부가 되시기 원하십니다.

호세야 2장 18-19절을 읽어봅시다.

"그 날에는 내가 저희를 위하여 들짐승과 공중의 새와 땅의 곤충으로 더불어 언약을 세우며 또 이 땅에서 활과 칼을 꺾어 전쟁을 없이 하고 저희로 평안히 눕게 하리라 내가 네게 장가들어 영원히 살되 의와 공변됨과 은총과 긍휼히 여김으로 네게 장가들며"(호 2:18-19).

이건 뭡니까? 하나님이 이스라엘 백성에게 장가든다는 겁니다. 하나님이 우리의 남편을 하겠다고 합니다. 그럼 우리는 하나님의 아내가 되는 겁니다. 부부가 된다는 겁니다. 한 몸이 된다는 겁니다. 하나님이 이스라엘 백성과 부부가 되니까, 하나님을 여보라고 부를 수 있는 겁니다. 아무나 여보라고 부르게 허락 안 해줍니다. 남편, 아내에게만 허락된 호칭입니다. 여러분이 지나가다가 아무 남자한테, 여자한테 '여보' 하고 부르면 큰일이 납니다. 자신을 여보라고 부를 사람은 하나밖에 없습니다.

하나님이 여러분에게 장가들고 싶다는 겁니다. 하나님과 결혼을 하면, 하나님과 우리는 부부가 되는 겁니다. 부부일심동체란 말입니다. 하나님과 우리가 한 몸이 되는 겁니다. 한 몸이 되는 것은 모든 것을 함께하는 겁니다. 눈에 속눈썹이 왜 있겠습니까? 먼지나 벌레가 들어오면 자동적으로 보호하는 게 속눈썹입니다.

예를 들어, 저기 파리 한 마리가 날아오는 걸 보고, "자 파리가 날아온다 경계 태세를 취해라. 속눈썹이여 경계해라. 지금부터 가까이 오면, 쳐내라" 하고 방어를 하는 게 아닙니다. 자동적으로 쳐내버립니다. 자동개입하는 겁니다. 부부의 관계도 한 몸이기 때문에 하나에 문제가 생기면 자동적으로 개입하는 겁니다.

성경에 나타난 결혼이야기

창세기 2장에 아담과 하와의 결혼 이야기부터 요한계시록 21장에 그리스도의 신부가 하늘에서 새 예루살렘에 내려오는 결혼 이야기까지 성경에는 결혼 이야기가 많이 나옵니다. 고린도후서 11장에도 결혼 이야기가 나옵니다.

고린도후서 11장 1-2절을 읽어봅시다.

"원컨대 너희는 나의 좀 어리석은 것을 용납하라 청컨대 나를 용납하라 내가 하나님의 열심으로 너희를 위하여 열심 내노니 내가 너희를 정결한 처녀로 한 남편인 그리스도께 드리려고 중매함이로다"(고후 11:1-2).

사도 바울은 고린도 교인들에게 남편인 그리스도께 중매한다고 말합니다. 사도 바울이 중매쟁이라고 고백합니다. 중매를 하는 사람은 양쪽 측을 아주 잘 알고 있습니다. 서로는 잘 모르지만, 중매하는 사람은 잘 압니다. 서로 잘 맞다고 생각하고 중매를 하는 겁니다.

옛날 중매로 결혼하는 경우에는 결혼식 당일에 서로 얼굴을 봤습니다. 그 전에는 중매하는 사람을 통해서만 전해들을 수 있었습니다. 중매하는 사람의 말을 잘 들어야 합니다. 그래서 이것저것 물어봅니다.

"내 신랑이 키가 커요?"
"얼굴이 잘생겼어요?"
"내 신부가 얼굴이 예뻐요?"

그런데 종종 중매하는 사람이 거짓말을 합니다.

"키가 크다. 잘생겼다. 예쁘다." 그렇게 결혼을 성사시킵니다. 중매하는 사람의 말만 믿는 겁니다. 결혼식에 신부의 얼굴을 보지 못하도록 면박을 가려놓습니다. 이 면박을 들출 수 있는 시기와 사람은 결혼식이 끝나고 신랑만 할 수 있습니다. 그때 알 수 있는 겁니다. 중매하는 사람이 바른 말을 했는지, 거짓말을 했는지 말입니다.

사도 바울은 바른 말을 하고 있습니까? 거짓말을 하고 있습니까? 사도 바울이 바른 말을 하는지 참말을 했는지는 결혼식이 끝나고 알 수 있습니다. 그리고 예수 그리스도가 우리의 가려진 면박을 들출 수 있는 겁니다.

그리스도와 우리와의 결혼식의 예표가 성경에 나와 있는 데, 바로 이삭과 리브가의 결혼식입니다. 이 결혼식을 보면, 성부 하나님, 성자 하나님, 성령 하나님이 나옵니다. 예표입니다. 아브라함은 성부 하나님을 예표하는 건데, 아들인 이삭은 예수를 가리키는 겁니다. 그다음에 거기에 하인인 엘리에셀은 성령의 역사를 가리키는 겁니다. 아브라함이 종 엘리에셀을 불러서 이야기합니다.

"내가 내 아들 이삭을 위하여 신부를 택해야 되니, 아무 데나 찾지 말고 내 고향에 갈데아 우르 땅에 가서 구해오라."

엘리에셀이 갈데아 우르 땅에 도착한 다음에 샘물에 가서 리브가가 만나고 데려다가 자기 주인집 아들의 신부로 인도하는 게 성령의 역사입니다. 이 과정이 성경에 잘 기록되어 있습니다.

어찌되든 하나님은 우리에게 장가들어 영원히 함께하고 싶다고 하십니다. 그리고 우리는 그리스도의 신부가 됩니다. 마태복음 1장을 보면, 예수님의 족보가 나옵니다. 그런데 여기를 보면, 여자들이 몇 명 나오는데 참 부끄러운 부분들이 있습니다.

마태복음 1장 1-17절을 읽어봅시다.

"아브라함과 다윗의 자손 예수 그리스도의 세계라 아브라함이 이삭을 낳고 이삭은 야곱을 낳고 야곱은 유다와 그의 형제를 낳고 유다는 다말에게서 베레스와 세라를 낳고 베레스는 헤스론을 낳고 헤스론은 람을 낳고 람은 아미나답을 낳고 아미나답은 나손을 낳고 나손은 살몬을 낳고 살몬은 라합에게서 보아스를 낳고 보아스는 룻에게서 오벳을 낳고 오벳은 이새를 낳고 이새는 다윗왕을 낳으니라 다윗은 우리야의 아내에게서 솔로몬을 낳고 솔로몬은 르호보암을 낳고 르호보암은 아비야를 낳고 아비야는 아사를 낳고 아사는 여호사밧을 낳고 여호사밧은 요람을 낳고 요람은 웃시야를 낳고 웃시야는 요담을 낳고 요담은 아하스를 낳고 아하스는 히스기야를 낳고 히스기야는 므낫세를 낳고 므낫세는 아몬을 낳고 아몬은 요시야를 낳고 바벨론으로 이거할 때에 요시야는 여고냐와 그의 형제를 낳으니라 바벨론으로 이거한 후에 여고냐는 스알디엘을 낳고 스알디엘은 스룹바벨을 낳고 스룹바벨은 아비훗을 낳고 아비훗은 엘리아김을 낳고 엘리아김은 아소르를 낳고 아소르는 사독을 낳고 사독은 아킴을 낳고 아킴은 엘리웃을 낳고 엘리웃은 엘르아살을 낳고 엘르아살은 맛단을 낳고 맛단은 야곱을 낳고 야곱은 마리아의 남편 요셉을 낳았으니 마리아에게서 그리스도라 칭하는 예수가 나시니라 그런즉 모든 대 수가 아브라함부터 다윗까지 열 네 대요 다윗부터 바벨론으로 이거할 때까지 열 네 대요 바벨론으로 이거한 후부터 그리스도까지 열 네 대러라"(마 1:1-17).

여기에 3절에 나오는 다말은 시아버지와 관계해서 아들을 낳았습니다. 5절에 나오는 라합은 창녀이며, 이방 여인입니다. 그리고 5절에 나오는 룻은 이방 여인이면서 과부입니다. 6절에 우리야의 아내인 밧세바는 불륜 여자입니다. 그리고 16절에 나오는 마리아도 인간적인 눈으로 보면 이상한 여자입니다. 결혼하기 전에 임신했습니다. 이렇게 밝히기 꺼리는 이야기가 왜 예수 그리스도의 족보에 나와 있습니까? 감추고 좋은 것만 보여주면 될 수 있는 거 아닙니까?

그런데 여기에는 다 하나님의 이유가 있습니다. 기가 막힌 은혜가 이 속에 있는 겁니다. 성경에 보면, 다른 여자들의 이름은 쓰이지도 않았는데 창녀들의 이름만 왜 이렇게 다 쓰였느냐? 여기 중요한 영적 원리가 있습니다. 인간은 태어나서 먼저 사탄 마귀와 먼저 1차 결혼을 했다는 겁니다. 이걸 우리는 원죄라고 그럽니다.

고린도후서 11장 3절을 읽어봅시다.

"뱀이 그 간계로 이와를 미혹케 한것 같이 너희 마음이 그리스도를 향하는 진실함과 깨끗함에서 떠나 부패할까 두려워하노라"(고후 11:3).

사람은 태어날 때부터 이미 벌써 엉망진창입니다. 사탄의 간계로 부패해진 상태입니다. 사탄의 창녀로서 태어나는 겁니다. 그래서 예수님의 구속사가 창녀들을 선발해서 이렇게 써져 있는 겁니다. 시아버지와 관계에서 아이를 낳은 다말도 예수님의 화려한 족보에 등장하여 완전히 새 사람으로 부활했다면, 여러분과 저라도 희망이 있지 않겠습니까? 우리에게 하나님이 소망을 주시는 겁니다. 우리가 그리스도의 신부의 자격이 있다는 걸 알리는 겁니다.

여리고성의 기생 라합은 이방 여자이면서 창녀였습니다. 기생 라합보다 여러분이 더 낫잖습니까? 우리는 그리스도의 신부로 갈수 있는 절호의 기회를 잡았습니다. 하나님은 그 사람이 어떤 사람이든지 우리의 상황이나 처지를 보시지 않으십니다. 하나님이 보시는 것은 우리 신랑 예수를 사모하는 마음입니다. 예수 그리스도의 보혈의 피를 고백하면 주님은 "예스", "오케이"입니다.

"나는 너를 신부로 삼으리라."

이겁니다. 아멘. 이렇게 하나님은 우리를 사랑하십니다. 그런데 우리는 하나님의 사랑을 거절합니다.

여러분과 저에게 절호의 기회가 와 있습니다. 우리가 하나님의 사랑을 받아들이면, 성결케 됩니다. 우리의 원죄가 다 해결됩니다. 주님이 우리를 성결케 할 때 한 번도 죄를 안 지은 상태로 돌이키는 겁니다. 주님이 그리스도의 신부로 깨끗하게 만드시는 겁니다. 그리스도의 신부의 자리는 위대한 자리입니다.

희망을 주는 고멜 이야기

고멜 이야기를 해보겠습니다. 고멜 이야기는 우리에게 희망입니다. 고멜이 어떤 여자인지 먼저 알아봅시다. 고멜은 음란한 사람이었습니다. 마음이 정함이 없고 사생활이 난잡한 사람이었습니다. 그런데 하나님께서 선지자 호세아를 부르셨습니다. 그리고 음란한 아내를 취하여 음란한 자식을 낳으라고 말씀하십니다.

호세아 1장 2절입니다.

"여호와께서 비로소 호세아로 말씀하시니라 여호와께서 호세아에게 이르시되 너는 가서 음란한 아내를 취하여 음란한 자식들을 낳으라 이 나라가 여호와를 떠나 크게 행음함이니라"(호 1:2).

호세아 선지자는 하나님 말씀대로 신부 값을 내고 고멜이라는 음란한 여자와 결혼을 합니다. 그리고 호세아는 고멜을 진실하게 사랑하고 아낌없이 모든 것을 내어주었습니다. 그런데 고멜은 결혼을 한 후에도 다른 남자를 만나고 돌아다닙니다. 주변 사람들이 고멜을 손가락질하고 욕합니다. 하지만 호세아는 고멜을 계속 사랑합니다. 주변 사람들은 호세아를 이해하지 못합니다. 그리고 고멜을 계속 욕합니다. 그때 하나님이 이스라엘 백성을 책망합니다.

호세아 4장 1-12절입니다.

"이스라엘 자손들아 여호와의 말씀을 들으라 여호와께서 이 땅 거민과 쟁변하시나니 이 땅에는 진실도 없고 인애도 없고 하나님을 아는 지식도 없고 오직 저주와 사위와 살인과 투절과 간음 뿐이요 강포하여 피가 피를 뒤대임이라 그러므로 이 땅이 슬퍼하며 무릇 거기 거하는 자와 들짐승과 공중에 나는 새가 다 쇠잔할 것이요 바다의 고기도 없어지리라 그러나 아무 사람이든지 다투지도 말며 책망하지도 말라 네 백성들이 제사장과 다투는 자 같이 되었음이니라 너는 낮에 거치겠고 너와 함께 있는 선지자는 밤에 거치리라 내가 네 어미를 멸하리라 내 백성이 지식이 없으므로 망하는도다 네가 지식을 버렸으니 나도 너를 버려 내 제사장이 되지 못하게 할 것이요 네가 네 하나님의 율법을 잊었으니 나도 네 자녀들을 잊어버리리라 저희는 번성할수록 내게 범죄

하니 내가 저희의 영화를 변하여 욕이 되게 하리라 저희가 내 백성의 속죄 제물을 먹고 그 마음을 저희의 죄악에 두는도다 장차는 백성이나 제사장이나 일반이라 내가 그 소행대로 벌하며 그 소위대로 갚으리라 저희가 먹어도 배부르지 아니하며 행음하여도 수효가 더하지 못하니 이는 여호와 좇기를 그쳤음이니라 음행과 묵은 포도주와 새 포도주가 마음을 빼앗느니라 내 백성이 나무를 향하여 묻고 그 막대기는 저희에게 고하나니 이는 저희가 음란한 마음에 미혹되어 그 하나님의 수하를 음란하듯 떠났음이니라"(호 4:1-12).

이스라엘이 행한 행동이 고멜과 같다고 이야기합니다. 하나님을 따르기로 했음에도 배반하고 떠난 이스라엘이 음란한 고멜과 같다는 이야기입니다. 하나님은 고멜을 통해 이스라엘에게 경고하고 계시는 겁니다.

이스라엘에 고멜과 같다는 것은 우리는 마귀와 영적으로 결혼을 한 상태라는 겁니다. 아담의 죄로 모든 인간은 원죄의 상태에서 태어납니다. 우리는 마귀와 이미 결혼한 생태입니다. 이 모습이 바로 고멜과 같이 음란한 상태였다는 겁니다.

로마서 5장 12-14절을 읽어봅시다.

"이러므로 한 사람으로 말미암아 죄가 세상에 들어오고 죄로 말미암아 사망이 왔나니 이와 같이 모든 사람이 죄를 지었으므로 사망이 모든 사람에게 이르렀느니라 죄가 율법 있기 전에도 세상에 있었으나 율법이 없을 때에는 죄를 죄로 여기지 아니하느니라 그러나 아담으로부터 모세까지 아담의 범죄와 같은 죄를 짓지 아니한 자들 위에도 사망이 왕노릇하였나니 아담은 오실 자의 표상이라"(롬 5:12-14).

로마서 7장 1-3절도 읽어봅시다.

"형제들아 내가 법 아는 자들에게 말하노니 너희는 율법이 사람의 살 동안만 그를 주관하는줄 알지 못하느냐 남편 있는 여인이 그 남편 생전에는 법으로 그에게 매인바 되나 만일 그 남편이 죽으면 남편의 법에서 벗어났느니라 그러므로 만일 그 남편 생전에 다른 남자에게 가면 음부라 이르되 남편이 죽으면 그 법에서 자유케 되나니 다른 남자에게 갈찌라도 음부가 되지 아니하느니라"(롬 7:1-3).

이게 말이 좀 어렵게 되어 있지만, 요약하면 이런 뜻입니다. 사람은 이 땅에 태어나면서 이미 벌써 영적 신랑을 가지고 태어나는데, 그 영적 신랑이 원죄라는 겁니다. 그래서 우리는 태어나면서 원죄와 마귀의 신랑을 먼저 만나서 결혼한 상태라는 겁니다. 원죄 때문에 우리는 망가진 상태라는 겁니다. 하나님의 눈으로 우리를 고멜과 같은 영적인 음란한 상태라는 겁니다.

그런데 중요한 것은 이스라엘 백성에게 경고만 하신 것이 아닙니다. 호세아가 계속 음란한 고멜을 사랑하듯 하나님이 이스라엘을 사랑하고 있다는 것을 전하십니다.

호세아 14장 1-3절을 읽어봅시다.

"이스라엘아 네 하나님 여호와께로 돌아 오라 네가 불의함을 인하여 엎드러졌느니라 너는 말씀을 가지고 여호와께로 돌아 와서 아뢰기를 모든 불의를 제하시고 선한바를 받으소서 우리가 입술로 수송아지를 대신하여 주께 드리리이다 우리가 앗수르의 구원을 의지하지 아니하며 말을 타지 아니하며 다시는 우리의 손으로 지은 것을 향하여 너희는 우리 신이라 하지 아니하오리니 이는 고아가 주께로 말미암아 긍휼을 얻음이니이다 할찌니라"(호 14:1-3).

하나님은 호세아의 결혼생활을 통해서 하나님을 배반한 이스라엘에게 하나님의 깊은 사랑을 이야기하고 있는 겁니다.

"돌아오라." 돌아오면, 주의 긍휼을 얻을 것이라고 말씀합니다. 그래서 고멜 이야기는 우리에게는 희망입니다. 이 이야기를 듣고 좌절할 사람은 하나도 없는 겁니다. 지금까지 내가 어떤 삶을 살았던지 지금 우리 신랑 예수만 사모하면 됩니다. 그러면 하나님이 여러분을 깨끗한 그리스도의 신부로 맞아줍니다. 주님과 결혼하여 부부의 관계를 맺게 되는 겁니다.

그리스도와 결혼을 하게 되면, 제일 낮은 신분에서 가장 고귀한 신분으로 바뀌게 됩니다. 완전히 뒤집어지는 겁니다. 창녀가 그리스도의 신부가 되니까, 얼마나 감사한 일입니까?

결혼은 내 전체를 다 신랑에게 던지는 겁니다. 그런데 우리는 창녀이기 때문에 던져봤자 손해 볼 게 별로 없습니다. 마귀에게 모든 걸 빼앗긴 상태이기 때문에 아무 것도 없는 상태입니다. 오히려 마귀의 죽음의 늪에 빠진 상태입니다. 더 이상 손해 볼 것이 없는 상태입니다. 밑져야 본전입니다. 그런데 예수님 입장에서는 우리와 결혼하는 것은 그 자체가 손해입니다. 그럼에도 예수님은 우리를 사랑해서 모든 것을 우리에게 위임하는 겁니다. 결혼이 그런 겁니다. 부부가 되어 한 몸을 이루면서 모든 것을 함께하는 겁니다.

신랑이신 예수님이 자기의 생명까지 신부인 우리를 위해서 다 내준 겁니다. 예수님은 우리에게 변함없이 그분의 사랑을 베풀어 주십니다. 그런데 오늘날 우리 기독교인들은 다 이중결혼을 한 상태입니다. 예수님의 사랑을 받고 그분과 함께한다고 하면서 사탄하고도 삽니다. 주님에게 우리는 신뢰를 주지 않고 있습니다.

우리가 지혜로운 그리스도의 신부가 되기 위해서는 어떻게 해야 하겠습니까? 주님에게 신뢰를 주는 겁니다. 내가 주님을 사랑하고 있는 것을 보여주는 겁니다. 예수님이 좋아하시는 걸 하는 겁니다. 내가 어떤 행동을 할 때 주님이 좋아하시고, 어떤 행동을 할 때 싫어하시는지 알아야 합니다. 그리고 예수님이 좋아하는 행동을 하는 겁니다.

신랑이신 예수님이 좋아하시는 것

예수님은 예배하는 것을 좋아하십니다. 예배 이상의 기쁨은 없습니다. 그리고 십일조입니다. 십일조가 정말 힘든 겁니다. 그 힘든 걸 하는 것을 보면, 주님을 얼마나 사랑하는지 알 수 있습니다.

제가 처음 예수 믿을 때 예수님께 다 갖다 바치고 싶었습니다. 제가 고등학교 때 부모님에게 진짜 못된 짓을 많이 한 것 같습니다. 그때 부모님에게 편지를 썼습니다.

"오늘부터 내가 하자는 대로 부모님이 안 하면 오늘부터 나를 호적에서 파세요. 나는 전 씨 가문에서 탈퇴합니다."

그랬더니 부모님이 그다음 날 몽둥이를 가지고 서울에 올라왔습니다.

"이놈의 새끼가 서울에 공부시켰더니, 이 새끼가 뭐라고? 부자지간을 끊자고?"

그래 가지고 제가 삼각산으로 도망갔습니다. 3일을 굶었습니다. 가끔 내려와서 이모님한테 전화했습니다.

"우리 부모님의 화가 풀렸어요?"
"아직 안 풀렸다."

그렇게 또 숨어 있다가 3일 뒤에 또 전화했습니다.

"아직도 우리 부모님의 화가 안 풀렸어요?"
"풀렸다. 내려와도 되겠다."

그래서 내려왔습니다.

부모님이 저를 보고 "이놈의 새끼가 말이야" 하고 이야기하셨지만, 자식 이길 부모가 없는 겁니다. 그렇게 나한테 큰소리치고 끝에 가서는 이러는 겁니다.

"그럼, 어떻게 하면 되겠냐?"

부모가 자식한테 약한 겁니다. 그래서 제가 말했습니다.

"빨리 시골에 있는 모든 땅을 다 팔든지, 다른 사람한테 토지를 주세요. 그리고 대구에 가면 신암동에 대구중앙침례교회 김충기 목사님이 있으니 그 교회 옆으로 이사하세요. 교회하고 500미터 떨어지면 안 됩니다. 거기서 교회 다니는 걸 직업으로 삼고, 교회를 다니면 부자지간을 유지하고 안 그러면 오늘부터 저는 전씨 가문에서 탈퇴할라 그럽니다."

어머니가 제 말을 듣더니 울었습니다.

"저 새끼가 중학교 다닐 때는 공부를 못해서 속 썩이더니, 이제 서울 가더니, 야수인지 지랄인지 배워가지고 다니려면 지 혼자 다니지 개자식이 말이야. 우리까지 교회 가자고."

그래도 부모님이 대단합니다. 결국은 제가 말한 대로 땅들 딱 남한테 주고 신암동 옆에다 전세방을 얻었습니다. 주일날 처음 교회를 갔습니다.

교회에서 "처음 온 사람 손 드세요" 하고 김충기 목사님이 이야기하자 부모님이 손을 들었다고 합니다. 그랬더니 "이따가 새 신자 분들은 당회장실을 데려오세요" 하고 말해서 당회장실로 갔답니다.

"아저씨는 어떻게 교회를 나왔습니까?"
"우리 아들이 서울에 공부를 하러 갔는데 야수인지 지랄인지 미쳐가지고 이 교회 안 다니면 전 씨 가문에서 탈퇴를 한다고 그래서 할 수 없이 왔습니다."
"그 아들 이름이 뭡니까?"
"전광훈입니다."
"전화번호를 주세요."

그리고 여전도사님에게 이렇게 말했다고 합니다.

"이 집은 특별한 가정이다. 예수를 믿으러 왔으니 하루에 1번씩 심방을 해서 개인적으로 성경을 가르쳐라."

우리 부모님은 글을 모르니까 여전도사 한 분을 전담 마크맨으로 딱 정했습니다. 여전도사님이 매일같이 하루에 1번씩 심방 와서 성경 펴놓고 읽어줬습니다. 이렇게 신앙생활을 하셨습니다.

이렇게 예수한테 미쳤더니 주님도 저한테 전체를 주는 겁니다. 전체를 주고 전체를 받는 것, 그게 바로 결혼입니다. 그리스도의 신실한 신부가 되면 이 모든 것이 우리에게 이루어지는 겁니다. 할렐루야.

부부의 관계는 믿음과 순종

그런데 주님께로부터 신뢰를 받지 못하면, 바람피우게 되면 어떻게 됩니까? 자꾸 마귀와 시간을 보내고 하나님을 멀리하면 어떻게 됩니까? 그리고 뭐 필요할 때만 하나님을 찾는다면 어떻게 되겠습니까? 하나님과의 관계가 깨지게 되는 겁니다. 부부의 관계가 깨지게 됩니다.

하나님은 우리와의 관계를 살피시기 위해서 항상 우리 편에 초강대국을 세우십니다. 그리고 정말 신뢰할 수 있는 관계인지 살피십니다. 하나님은 천지를 창조하신 창조주이십니다. 하나님은 전지전능하신 분이십니다. 그런 분이 우리에게 뭔가를 시킨다면 우리는 어떻게 생각합니까?

'하나님이 직접 하면 될 텐데 왜 나한테 자꾸 이걸 시킬까?'
'전지전능하시다면서 나한테 힘든 일을 왜 시킬까?'

그런데 이런 생각은 잘못된 겁니다. 그럴 때 이런 생각을 해야 합니다.

'아하. 주님이 나를 떠보는구나!'
'나를 통해서 뭐 하는구나?'
'내 믿음을 시험하는구나.'

어차피 주님이 하라고 뭔 말을 하면 그 모든 일도 주님이 다 하십니다. 내가 순종하는지 안 하는지 그것만 하나님이 보십니다. 그런데 이 생각을 못하고 우리는 하나님과 머리싸움을 자꾸 하려고 하는 겁니다. 하나님을 내 뜻대로 하려고 합니다. 저는 그럴 때는 그동안에 나이가 60 넘어 70까지 내가 산 것만 해도 감사하자 하고 생각합니다.

'오늘 죽어도 괜찮아, 엄마 뱃속에서 유산됐다고 치자.'

그러면 못할 일이 없습니다. 뭐든지 쉽게 보입니다.

'요것만 딱 하고 난 죽는다. 난 요것만 딱 하고 난 세상을 죽어도

후회 없다. 지금까지 산 것만 해도 감사하다.'

이러니까 모든 고개를 다 넘게 되는 겁니다. 계산하고 따지고 또 하나님하고 자꾸 신경전을 벌이면 아무 일도 못 하게 되는 겁니다. 염려하지 말고 그냥 주님의 신실한 신부만 되어주면 됩니다. 우리는 하나님의 말씀에 순종하면 됩니다. 신부는 순종할 때 신부의 자리에 있을 수 있는 겁니다.

에베소서 5장 22-32절을 읽어봅시다.

"아내들이여 자기 남편에게 복종하기를 주께 하듯하라 이는 남편이 아내의 머리 됨이 그리스도께서 교회의 머리 됨과 같음이니 그가 친히 몸의 구주시니라 그러나 교회가 그리스도에게 하듯 아내들도 범사에 그 남편에게 복종할찌니라 남편들아 아내 사랑하기를 그리스도께서 교회를 사랑하시고 위하여 자신을 주심 같이 하라 이는 곧 물로 씻어 말씀으로 깨끗하게 하사 거룩하게 하시고 자기 앞에 영광스러운 교회로 세우사 티나 주름잡힌 것이나 이런 것들이 없이 거룩하고 흠이 없게 하려 하심이니라 이와 같이 남편들도 자기 아내 사랑하기를 제몸 같이 할찌니 자기 아내를 사랑하는 자는 자기를 사랑하는 것이라 누구든지 언제든지 제 육체를 미워하지 않고 오직 양육하여 보호하기를 그리스도께서 교회를 보양함과 같이 하나니 우리는 그 몸의 지체임이니라 이러므로 사람이 부모를 떠나 그 아내와 합하여 그 둘이 한 육체가 될찌니 이 비밀이 크도다 내가 그리스도와 교회에 대하여 말하노라"(엡 5:22-32).

사도 바울이 육신의 남편과 아내 이야기를 하다가 결론을 어떻게 이야기합니까? 그리스도와 교회에 대해서 말한다고 합니다. 지금 읽은 성경 안에서, 구약 전체를 보는 겁니다. 우리가 읽은 에베소 5장 22-32절 말씀 안에 눈물 나는 이야기가 많습니다. 우리 예수님은 육신의 남편 하고는 비교할 수도 없습니다.

사도 바울이 그리스도와 교회에 대해서 말한다고 이야기했는데, 여기에 딱 하나 조건이 붙은 겁니다. 아내들이여, 남편에게 순종하고 복종을 하는 겁니다. 이것이 될 때에 아내를 향한 남편의 공급이 계속되는 겁니다. 순종이 무너져 버리면, 그날부터는 이미 신부의 자리를 떠나는 겁니다. 믿습니까?

육신의 교회도 마찬가지입니다. 목사님과의 목회 파트너가 된 사람들은 순종해야 합니다. 여자가 목사님이 되고 남편이 사모가 된 사람은 가정에서는 육신의 원리를 따르더라도 교회에서는 여자 목사님 앞에 남편이 순종해야 됩니다. 이건 영의 원리입니다.

예수를 통째로, 가지시기를 원하시면 순종하기 바랍니다. 순종하면 예수를 다 가질 수 있습니다. 그리스도의 신부의 제1 되는 덕목은 순종입니다. 사도 바울이 '내가 그리스도와 교회에 대해서 말하노라' 하고 이야기했습니다. 그런데 오늘날 성도들이 솔직히 순종합니까? 안합니다. 다 '내가 복음이야' 하고 다닙니다. 그래서 교회가 다 무너지는 겁니다. 그리스도의 신부의 관계를 유지하려면 무조건 순종해야 됩니다. 순종은 이해되고 따를 겁니다. 이해

되지 않고 따른 걸 복종이라고 하는데, 이해가 되지 않으면 복종해야 되는 겁니다.

'지금까지 산 것만 해도 감사하니까. 난 내일 죽어도 괜찮을 거야. 이것만 순종하고 끝낼 거야.'

이렇게 살아오다 보니 여기까지 왔습니다. 하나님이 날 안 죽이더라고요. 나는 하나님께 순종할 때마다 일어나는 기적을 경험했습니다.

"순종하면, 기적이 일어납니다."

주님이 여러분을 시험한다고 이것저것 다 붙여놓았는데, 순종함으로 하나님과의 관계에 신뢰를 주면, 주님이 좋아하십니다. 그리고 아가서에 있는 것처럼 "나의 사랑하는 신부야. 침상으로 가자" 하고 부르십니다. 주님과 한 몸을 이루는 겁니다. 그리스도와 우리와의 관계가 여기까지 간다는 말입니다.

그런데 예수를 남편이라고 말하고, 따로 마귀를 남편으로 섬기는 사람이 있습니다. 필요할 때만 예수를 찾는 사람들이 있습니다. 영적으로 전부 바람피우는 겁니다. 야고보서에 "세상을 사랑하는 자들아 세상을 벗대고 한 자는 하나님과 원수 됨을 알지 못하니라" 하고 이야기합니다. 우리의 모든 삶을 주님에게 딱 초점을 맞춰서 순교자의 삶을 살아야 됩니다.

그래서 하나님이 초강대국 옆에다가 우리를 끝없이 세워놓은 이유가 있습니다. 물질의 애굽, 질병의 앗수르, 자녀의 바벨론, 환란의 페르시아, 저주의 헬라, 마귀의 로마. 그 외에도 하나님 옆에 세워놓고 우리 옆구리를 콕콕 찌르는 이유가 하나님과 우리의 관계를 완성하기 위해서입니다. 아버지와 자녀의 관계, 부부와의 관계를 세우시는 겁니다.

순종합시다. 그래야 내가 그리스도의 아내의 위치를 유지할 수 있습니다. 예수 그리스도 앞에 순종해야 합니다. 순종하기로 결단하시기 바랍니다.

기도

"나의 아버지가 되시고 나의 남편이 되신 하나님, 감사합니다. 하나님을 남편으로 섬기고, 그리스도의 신실한 신부가 되길 원합니다. 우리의 삶을 모두 주님께 드리길 원합니다. 주님의 말씀에 순종하기 원합니다. 예수 그리스도의 이름으로 기도하옵나이다. 아멘."

04

하나님과의 관계 : 왕

시편 18편 1-50절

¹나의 힘이 되신 여호와여 내가 주를 사랑하나이다 ²여호와는 나의 반석이시요 나의 요새시요 나를 건지시는 자시요 나의 하나님이시요 나의 피할 바위시요 나의 방패시요 나의 구원의 뿔이시요 나의 산성이시로다 ³내가 찬송 받으실 여호와께 아뢰리니 내 원수들에게서 구원을 얻으리로다 ⁴사망의 줄이 나를 얽고 불의의 창수가 나를 두렵게 하였으며 ⁵음부의 줄이 나를 두르고 사망의 올무가 내게 이르렀도다 ⁶내가 환난에서 여호와께 아뢰며 나의 하나님께 부르짖었더니 저가 그 전에서 내 소리를 들으심이여 그 앞에서 나의 부르짖음이 그 귀에 들렸도다 ⁷이에 땅이 진동하고 산의 터도 요동하였으니 그의 진노를 인함이로다 ⁸그 코에서 연기가 오르고 입에서 불이 나와 사름이여 그 불에 숯이 피었도다 ⁹저가 또 하늘을 드리우시고 강림하시니 그 발 아래는 어둑캄캄하도다 ¹⁰그룹을 타고 날으심이여 바람 날개로 높이 뜨셨도다 ¹¹저가 흑암으로 그 숨는 곳을 삼으사 장막 같이 자기를 두르게 하

심이여 곧 물의 흑암과 공중의 빽빽한 구름으로 그리하시도다 ¹²그 앞에 광채로 인하여 빽빽한 구름이 지나며 우박과 숯불이 내리도다 ¹³여호와께서 하늘에서 뇌성을 발하시고 지존하신 자가 음성을 내시며 우박과 숯불이 내리도다 ¹⁴그 살을 날려 저희를 흩으심이여 많은 번개로 파하셨도다 ¹⁵이럴 때에 여호와의 꾸지람과 콧김을 인하여 물밑이 드러나고 세상의 터가 나타났도다 ¹⁶저가 위에서 보내사 나를 취하심이여 많은 물에서 나를 건져 내셨도다 ¹⁷나를 강한 원수와 미워하는 자에게서 건지셨음이여 저희는 나보다 힘센 연고로다 ¹⁸저희가 나의 재앙의 날에 내게 이르렀으나 여호와께서 나의 의지가 되셨도다 ¹⁹나를 또 넓은 곳으로 인도하시고 나를 기뻐하심으로 구원하셨도다 ²⁰여호와께서 내 의를 따라 상 주시며 내 손의 깨끗함을 좇아 갚으셨으니 ²¹이는 내가 여호와의 도를 지키고 악하게 내 하나님을 떠나지 아니하였으며 ²²그 모든 규례가 내 앞에 있고 내게서 그 율례를 버리지 아니하였음이로다 ²³내가 또한 그 앞에 완전하여 나의 죄악에서 스스로 지켰나니 ²⁴그러므로 여호와께서 내 의를 따라 갚으시되 그 목전에 내 손의 깨끗한대로 내게 갚으셨도다 ²⁵자비한 자에게는 주의 자비하심을 나타내시며 완전한 자에게는 주의 완전하심을 보이시며 ²⁶깨끗한 자에게는 주의 깨끗하심을 보이시며 사특한 자에게는 주의 거스리심을 보이시리니 ²⁷주께서 곤고한 백성은 구원하시고 교만한 눈은 낮추시리이다 ²⁸주께서 나의 등불을 켜심이여 여호와 내 하나님이 내 흑암을 밝히시리이다 ²⁹내가 주를 의뢰하고 적군에 달리며 내 하나님을 의지하고 담을 뛰어 넘나이다 ³⁰하나님의 도는 완전하고 여호와의 말씀은 정미하니 저는 자기에게 피하는 모든 자의 방패시로다 ³¹여호와 외에 누가 하나님이며 우리 하나님 외에 누가 반석이뇨 ³²이 하나님이 힘으로 내게 띠 띠우시며 내 길을 완전케 하시며 ³³나의 발로 암사슴 발 같게

하시며 나를 나의 높은 곳에 세우시며 ³⁴내 손을 가르쳐 싸우게 하시니 내 팔이 놋 활을 당기도다 ³⁵주께서 또 주의 구원하는 방패를 내게 주시며 주의 오른손이 나를 붙들고 주의 온유함이 나를 크게 하셨나이다 ³⁶내 걸음을 넓게 하셨고 나로 실족지 않게 하셨나이다 ³⁷내가 내 원수를 따라 미치리니 저희가 망하기 전에는 돌이키지 아니하리이다 ³⁸내가 저희를 쳐서 능히 일어나지 못하게 하리니 저희가 내 발 아래 엎드러지리이다 ³⁹대저 주께서 나로 전쟁케 하려고 능력으로 내게 띠 띠우사 일어나 나를 치는 자로 내게 굴복케 하셨나이다 ⁴⁰주께서 또 내 원수들로 등을 내게로 향하게 하시고 나로 나를 미워하는 자를 끊어버리게 하셨나이다 ⁴¹저희가 부르짖으나 구원할 자가 없었고 여호와께 부르짖어도 대답지 아니하셨나이다 ⁴²내가 저희를 바람 앞에 티끌 같이 부숴뜨리고 거리의 진흙 같이 쏟아 버렸나이다 ⁴³주께서 나를 백성의 다툼에서 건지시고 열방의 으뜸을 삼으셨으니 내가 알지 못하는 백성이 나를 섬기리이다 ⁴⁴저희가 내 풍성을 들은 즉시로 내게 순복함이여 이방인들이 내게 복종하리로다 ⁴⁵이방인들이 쇠미하여 그 견고한 곳에서 떨며 나오리로다 ⁴⁶여호와는 생존하시니 나의 반석을 찬송하며 내 구원의 하나님을 높일찌로다 ⁴⁷이 하나님이 나를 위하여 보수하시고 민족들로 내게 복종케 하시도다 ⁴⁸주께서 나를 내 원수들에게서 구조하시니 주께서 실로 나를 대적하는 자의 위에 나를 드시고 나를 강포한 자에게서 건지시나이다 ⁴⁹여호와여 이러므로 내가 열방 중에서 주께 감사하며 주의 이름을 찬송하리이다 ⁵⁰여호와께서 그 왕에게 큰 구원을 주시며 기름 부음 받은 자에게 인자를 베푸심이여 영영토록 다윗과 그 후손에게로다 우리의 최후의 목표는 새 예루살렘입니다. 하나님은 천지를 창조할 때 설계도를 그릴 때, 마지막 목표 지점을 요한계시록 21장으로 그렸습니다. 하나님이 처음 설계를 할 때에. 그게 바로 새 예루살렘입니다.

이사야 1장 2-6절을 읽어봅시다.

"하늘이여 들으라 땅이여 귀를 기울이라 여호와께서 말씀하시기를 내가 자식을 양육하였거늘 그들이 나를 거역하였도다 소는 그 임자를 알고 나귀는 주인의 구유를 알건마는 이스라엘은 알지 못하고 나의 백성은 깨닫지 못하는도다 하셨도다 슬프다 범죄한 나라요 허물 진 백성이요 행악의 종자요 행위가 부패한 자식이로다 그들이 여호와를 버리며 이스라엘의 거룩한 자를 만홀히 여겨 멀리하고 물러갔도다 너희가 어찌하여 매를 더 맞으려고 더욱 더욱 패역하느냐 온 머리는 병 들었고 온 마음은 피곤하였으며 발바닥에서 머리까지 성한 곳이 없이 상한 것과 터진 것과 새로 맞은 흔적 뿐이어늘 그것을 짜며 싸매며 기름으로 유하게 함을 받지 못하였도다"(사 1:2-6).

위의 말씀을 읽어보니까 가슴이 콕콕 찔리지 않습니까? 이게 다 누구한테 하는 소리입니까? 네, 이스라엘에게 하는 소리입니다. 하나님이 구약시대에 이스라엘이란 백성을 택했습니다. 하나님이 이스라엘을 짝사랑했습니다. 그런데 이스라엘이 골칫덩어리입니다. 하나님의 사랑을 알지도 못하고, 자꾸 바람이나 피려고 그러는 겁니다. 이스라엘, 아주 형편없는 겁니다.

그런데도 하나님은 이스라엘을 향한 사랑을 포기하지 않았습니다. 이스라엘이 그렇게 죄를 져도 하나님이 끝까지 사랑하십니다. 훈련을 통해 이스라엘이 성장하기를 원하셨습니다. 그래서 이스라엘 옆에 초강대국을 세웠습니다. 애굽, 앗수르, 바벨론, 페르시아, 헬라, 로마입니다.

이런 초강대국으로 이스라엘을 양육했습니다. 이렇게 이스라엘을 키우기 위한 양육일지가 바로 구약성경입니다. 구약성경은 여자들이 시집가서 첫애를 낳으면 어떻게 키워야 할지 육아일지와 같은 겁니다.

하나님이 이스라엘을 키워낸 육아일지를 써놓은 것이 구약성경입니다. 구약성경을 딱 읽어보면 하나님이 이스라엘을 어떻게 키웠는지 그 내용이 나옵니다.

신약시대인 성도 여러분과 저도 하나님이 그렇게 키운다는 겁니다. 하나님이 구약시대에 왜 옆에 초강대국을 세워놓고 이스라엘을 키워냈느냐? 이건 2가지 목적이 있습니다.

첫째는 이스라엘과 하나님과의 관계입니다. 이사야 43장을 보면, 애굽을 너희의 속량물로 줬다고 그랬잖습니까? 그러니까 이스라엘과 초강대국 간의 힘으로 보면, 도저히 이스라엘이 이기지 못합니다.

그런데 이스라엘이 하나님과 관계가 잘 형성이 되면, 하나님 아버지의 능력으로 이기는 겁니다. **"하나님과의 관계의 능력으로."** 할렐루야.

아버지와 자녀

또 하나는 하나님이 이 초강대국을 왜 세웠느냐? 이스라엘이 하나님과의 관계를 잘 형성하지 않으면, 하나님이 그들을 통해 벌하시기 위해서입니다. 그와 같이 이게 신약시대 때도 똑같은 겁니다.

하나님이 우리의 입을 통해서 아버지라고 불러주길 원하십니다. **"아버지."**

고린도후서 6장 17-18절을 읽어봅시다.

"그러므로 주께서 말씀하시기를 너희는 저희 중에서 나와서 따로 있고 부정한 것을 만지지 말라 내가 너희를 영접하여 너희에게 아버지가 되고 너희는 내게 자녀가 되리라 전능하신 주의 말씀이니라 하셨느니라"(고후 6:17-18).

하나님이 우리의 아버지가 되겠다는데 여러분이 기분이 나쁩니까? 감사합니까? 여러분이 기분이 나쁘다면, 여러분의 아버지는 하나님이 아니라 마귀일 겁니다.

요한복음 8장 44절을 보니까, 그렇게 말하고 있습니다.

"너희는 너희 아비 마귀에게서 났으니 너희 아비의 욕심을 너희도 행하고자 하느니라 저는 처음부터 살인한 자요 진리가 그 속에 없으므로 진리에 서지 못하고 거짓을 말할 때마다 제 것으로 말하나니 이는 저가 거짓말장이요 거짓의 아비가 되었음이니라"(요 8:44).

마귀가 우리의 아버지가 되면 좋겠습니까? 인간에게 아버지는 둘 중 하나입니다. 하나님이 나의 아버지가 되든지 아니면 사탄 마귀가 아버지가 되든지 말입니다. 우리가 이 땅에서 하나님을 아버지라 부를 수 있는 것은 하나님이 나에게 생명을 주신 분이시기 때문입니다.

하나님이 우리의 아버지가 되는 데 있어 결정적인 것은 "피"입니다.

요한복음 6장 53절을 읽어봅시다.

"예수께서 이르시되 내가 진실로 진실로 너희에게 이르노니 인자의 살을 먹지 아니하고 인자의 피를 마시지 아니하면 너희 속에 생명이 없느니라"(요 6:53).

"**예수 그리스도의 피**"로 아버지의 생명이 여러분 속에 들어가는 겁니다. 예수의 피가 들어가면 모든 것이 해결되는 겁니다. 아버지이신 하나님이 장가, 시집갈 때까지 책임져 주십니다. 하나님 아버지와의 관계를 잘 유지를 해야 합니다. 그러면 우리는 하나님의 자녀가 되고 하나님은 우리 아버지가 되십니다. 하나님은 계속 집중적으로 이스라엘을 양육하셨단 말입니다.

남편와 아내

하나님이 이스라엘 백성에게 장가들어 부부의 관계가 됐으니, '여보'라고 부를 수 있는 겁니다. 부부일심동체라는 말이 있습니다. 이건 내 것이 네 것이고, 네 것이 내 것이라는 말입니다. 그러니까 하나님이 우리에게 장가들어 부부의 관계가 되면 이 말은 하나님의 것이 내 것이고, 내 것이 하나님의 것이라는 말입니다.

하나님 보시기에 우리의 모습을 보시고 사랑해주셔서 부부의 관계를 맺을 수 있는 겁니다. 하나님은 아무런 조건도 없이 우리를 사랑하십니다. 아버지와 관계의 핵심 키워드는 피라 그랬습니다. 하나님과 나와의 부부관계가 되기 위해서도 원리가 있습니다. 신부가 되는 원리가 있습니다. 믿음과 순종입니다.

하나님은 고멜의 이야기를 통해 이스라엘에게 하나님의 사랑을 이야기합니다. 음란한 고멜이었지만, 하나님께서 끊임없이 사랑하고 있다는 것을 보여주십니다. 그리고 계속 남편인 하나님께 돌아오길 원하고 기다리십니다.

여러분이 수가성 우물가 여인의 이야기를 알 겁니다. 수가성 우물가 여인에게는 남편이 6명이 있었습니다. 그런데 예수님이 수가성 우물가의 여자를 찾아갔습니다. 사람들이 손가락질하는 음란한 여인입니다.

그런데 수가성 우물가의 여자와 예수님과 대화하는 걸 보면, 처음에는 자기가 창녀란 걸 숨깁니다. 예수님은 그 여인에게 대해서 다 알고 계셨습니다.

"아니다. 너는 벌써 남자가 6명 지나갔다."
"아이고 내가 보니까 선지자입니다. 못 속이겠네요."

그러면서 이 여인이 뭐라고 했는지 아십니까?

"선생님, 날 창녀로 그렇게 보시지만 나에게도 소망이 있어요."
"머지않아 그리스도라는 사람이 이 땅에 온다고 우리 조상들이 예언했어요."
"그 그리스도가 오면 나도 이 창녀에서부터 벗어날 수 있는 기회가 온다고요. 날 그렇게 무시하지 마세요."

그러자 예수님이 말씀합니다.

"내가 바로 네가 기다리는 그다."

수가성 우물가 여인은 비록 창녀였지만 현재 창녀 된 상태를 인정하지 않고 나도 언젠가는 그리스도가 오면 새로워진다 하는 이러한 믿음을 가지고 있었다는 겁니다.

그러니까 여러분과 저도 지금 우리가 죄인이란 말입니다. 우리가 죄를 지었단 말입니다. 그런데 합리화시키면 안 됩니다.

"거부하자. 언젠가는 나도 새로운 신랑 예수와 함께 새로운 사람이 될 수 있다."

이러한 사모하는 마음을 가지고 있는 그에게는 우리 예수님이 신랑으로 나타나실 수 있습니다. 하나님은 우리에게 오셔서 우리를 가장 낮은 자리에서 가장 높은 아내의 자리로 옮겨놓는 겁니다.

우리가 하나님의 신부로 올라가면, 두 손을 들고 하나님께 감사의 마음을 가지고 신랑이신 하나님의 말씀에 순종의 삶을 살아야 합니다. 그런데 신부의 자리에서 교만하게 됩니다. 교회 안에서 다른 사람의 죄를 정죄하며 거룩한 척 한단 말입니다.

왕과 백성의 관계

우리가 하나님의 능력으로 이 세상을 이기기 위해서는 하나님과의 관계가 중요합니다. 하나님과의 관계가 올바르게, 견고하게 서야 합니다. 그 첫 번째가 아버지와의 관계입니다. 두 번째는 신랑과의 관계입니다. 우리와 하나님이 이런 관계가 되면 전 우주가 다 우리 것이 됩니다. 그 다음은 하나님과 우리의 관계가 왕과 백성의 관계입니다. 하나님이 왕이 되시고, 우리는 왕의 백성이 되는 겁니다.

구약성경을 보면, 사사시대 때는 하나님이 직접 이스라엘을 다스렸습니다. 하나님이 이스라엘 왕인 겁니다. 그런데 백성들이 사무엘의 아들을 보고 근심했습니다.

왜냐하면, 사무엘의 뒤를 이어 사무엘의 아들이 사사로 일할 것으로 생각했는데, 이들은 조금 불량했습니다. 아마도 사무엘이 하나님의 일을 한다고 바빠서 자식 교육을 잘못한 것 같았습니다. 아무튼 사무엘의 아들이 불량한 것을 보고 백성들이 근심했습니다.

"저 불량한 사무엘 아들이 사무엘을 이어받아서 이렇게 사사가 돼 버리면, 이스라엘은 어떻게 될까?"

이런 근심스러운 마음 때문에 이스라엘 백성이 다른 길을 선택

한 겁니다. 사실 이것도 하나님께 맡겨야 되는 겁니다. 사무엘의 아들이 좀 불량해도 성령의 기름 부음이 임하면 변화가 될 수도 있습니다. 이런 문제들까지도 하나님께 맡기고 하나님이 계속 사사를 통해서 이스라엘을 직접 다스리도록 해야 했습니다.

사사시대는 하나님이 3가지 권세를 가지고 직접 이스라엘 백성을 다스리는 시대입니다. 3가지 권세는 왕, 선지자, 제사장입니다. 이걸 하나님이 직접 집행하겠다는 겁니다. 이걸 사사시대라고 이야기합니다. 사사를 통해 하나님이 직접 다스리는 겁니다.

그런데 이스라엘 백성이 하나님이 직접 다스리는 것보다는 다른 나라처럼 왕이 다스렸으면 좋겠다고 미리 결정하고 사무엘에게 요구합니다.

"우리도 이방 나라처럼 왕을 세워주세요. 보이는 왕을 세워달라고요."

사무엘이 이 소리를 듣고 이스라엘 백성들에게 이야기했습니다.

"이 자식들아! 보이는 왕보다 보이지 않는 하늘에 있는 왕이신 하나님이 다스리는 것이 좋아."

그래도 이스라엘 백성들은 왕을 요구했습니다.

"싫어요. 싫어요. 다른 나라처럼 왕을 세워줘요!"

벌써 사무엘에 대해서 질투하는 겁니다. 하나님의 질서가 있는데, 그걸 자꾸 깨려는 겁니다. 그러니까 하나님이 말씀하십니다.

"그래 한번 당해볼래? 사무엘아! 이스라엘 백성들이 패역한 길을 선택했으니, 원하는 대로 왕을 세워줘라."

그래서 기스의 아들 사울을 왕을 세웠습니다. 하나님이 예측한 그대로 사울이 이스라엘 백성들의 생명을 지키고 보호하는 게 아니라, 자기 욕심만 챙기는 겁니다. 그러니 이스라엘 백성이 잘 살 수 있겠습니까? 아닙니다.

왕이신 하나님

하나님이 왕이 되어 다스리면 이스라엘 백성의 생명과 재산을 지킨단 말입니다. 그런데 그걸 이스라엘 백성이 한방에 날려버린 겁니다. 하나님이 우리의 왕이 되시면, 애굽, 앗수르, 바벨론, 페르시아, 헬라, 로마, 이걸 날려버립니다. 우리 앞에 있는 것들이 다 물러가 버립니다.

"여러분, 물질을 이기길 원하십니까?"
"질병도 이기기 원하십니까?"

하나님이 기침 소리 한 번만 해도 다 물러갑니다. 그런데 인간이 직접 왕이 되어 섬기려고 하니까 안 되는 겁니다. 사탄이 침투해서 사탄 마음대로 가지고 놀아버립니다. 온갖 재앙들로 괴롭히는 겁니다.

물질이 여러분을 괴롭힙니다. 질병이 여러분을 괴롭힙니다. 가정이 여러분을 괴롭힙니다. 마귀가 여러분을 가지고 장난치는 겁니다. 하나님이 이스라엘을 다스리는 왕이 되지 못하니까, 관계가 깨어져버리는 겁니다.

"네가 직접 왕을 하니까, 총강대국들! 이스라엘 가지고 놀아라."

그래서 이스라엘이 고난을 당하는 겁니다.

사사시대 때는 주변 나라에서 쳐들어와도 하나님이 직접 막아버렸습니다. 사사를 세워서 물리쳐 버렸습니다. 모든 면에서 이스라엘이 약해보였지만, 하나님이 사사를 세워서 이겼습니다.

그런데, 왕이 세워진 후에는 왕이 직접 이스라엘을 다스렸습니다. 왕의 힘으로, 왕의 능력으로 초강대국들을 맞서야 했습니다. 그러니 그들을 이기는 것이 가능합니까? 불가능합니까?

우리에게도 마찬가지입니다. 우리가 직접 우리의 왕이 되어버리면, 우리가 모든 것을 막아야 합니다. 우리의 힘, 우리의 능력으로 절대 모든 것을 막을 수 없습니다. 사탄의 놀잇감만 될 뿐입니다.

두 손 들고 하나님께 우리의 왕권을 드려야 합니다. 주님이 나의 영원한 왕이 되어달라고 기도해야 합니다.

시편 18편은 하나님께서 다윗을 모든 원수와 사울의 손에서 구원하신 날에 하나님께 아뢴 시입니다.

시편 18편 1-3절을 읽어봅시다.

"나의 힘이 되신 여호와여 내가 주를 사랑하나이다 여호와는 나의 반석이시요 나의 요새시요 나를 건지시는 자시요 나의 하나님이시요 나의 피할 바위시요 나의 방패시요 나의 구원의 뿔이시요 나의 산성이시로다 내가 찬송 받으실 여호와께 아뢰리니 내 원수들에게서 구원을 얻으리로다"(시 18:1-3).

주님이 나의 왕이 되실 때 나의 반석이 되시고, 나의 요새가 되시며, 나를 건져주십니다. 또한 나의 하나님이 되셔서 나의 피할 바위와 방패가 되십니다. 구원의 뿔, 산성이 되어 원수들에게서 구원해 주십니다.

하나님과 사탄 중 선택

하나님이 우리의 왕이 안 되면, 사탄이 우리의 왕이 되려고 그럽니다. 사탄이 우리를 지배하려고 그럽니다. 그러니까 우리는 만왕의 왕이신 하나님을 우리의 왕으로 섬겨야 합니다. 우리는 하나님을 왕으로 섬기거나 사탄을 왕으로 섬겨야 합니다. 둘 중 하나입니다. 이건 다 똑같습니다. 나의 영적 아버지도 하나님과 사탄, 둘 중 하나입니다. 내가 그리스도의 신부가 되든지, 사탄의 신부가 되든지 둘 중 하나입니다. 내가 하나님을 왕으로 섬기고 하나님의 백성이 되든지, 사탄을 왕으로 섬기고 사탄의 백성이 되든지 둘 중 하나입니다.

우리가 누군가의 백성이 되는 거라면, 만왕의 왕이신 하나님을 왕으로 섬기는 것이 좋은 겁니다. 왕은 자신의 백성을 지키고 보호하며 다스립니다. 자신의 백성을 건드리지 못하게 합니다. 사탄 마귀로부터 보호하십니다.

앗수르가 이스라엘을 쳐들어왔을 때 히스기야 왕이 하나님께 기도했습니다.

"상천하지의 하나님, 눈을 만드신 하나님 보시옵소서. 저 개만도 못한 앗수르 군대가 우리를 먹으러 왔는데 육신적으론 내가 이길 힘이 없나이다. 애를 낳는 여인이 아기 낳을 힘이 없는 것처럼 내가 지금 난처한 입장에 있습니다. 이때 하나님이 한 번 나타나 주시옵소서."

이렇게 기도했더니, 하늘의 하나님이 들으시고 응답해주셨습니다.

"오냐, 히스기아야. 이때가 내가 필요한 거지. 천사들아, 내려가라."

천사들이 내려와서 군대 18만 5천 명을 물리쳤습니다. 이게 하나님의 능력입니다.

기름부음

한 나라의 대통령도 취임식 선서할 때 "나는 대통령으로서 국민의 재산과 생명을 지키겠다" 하고 선언합니다. 예수님도 마찬가지입니다. 그런데 여기에서 중요한 키워드가 있습니다. 바로 **기름부음**입니다. 남편과 아내의 관계는 순종이 키워드인데, 예수 그리스도의 왕은 기름부음입니다.

기름부음은 성령입니다. 성령을 세게 받아야 그리스도의 왕의 통치 안에서 우리는 승리할 수 있는 겁니다. 기름부음을 세게 받아야 합니다. 예수님이 우리의 왕이 되시고, 사탄이 한 길로 왔다가 일곱 길로 물러가게 하십니다. 우리의 왕이신 예수님이 우리를 보호하시고 지켜주십시다. 아멘. 할렐루야.

 예수 그리스도가 여러분의 아버지가 되실 겁니다. 예수 그리스도가 여러분의 신랑이 되실 겁니다. 예수 그리스도가 여러분의 왕이 되실 겁니다.

> (기도)
>
> "나의 아버지가 되시고, 남편이 되시며, 왕이 되신 하나님께 감사와 영광을 드립니다. 나의 왕이 되신 하나님, 내게 기름을 부어 주시옵소서. 하나님을 나의 왕으로 삼아 나의 삶을 다스립니다. 예수 그리스도의 이름으로 기도하옵나이다. 아멘."

05

하나님과의 관계 : 목자

시편 23편 1-6절
¹여호와는 나의 목자시니 내가 부족함이 없으리로다 ²그가 나를 푸른 초장에 누이시며 쉴만한 물 가으로 인도하시는도다 ³내 영혼을 소생시키시고 자기 이름을 위하여 의의 길로 인도하시는도다 ⁴내가 사망의 음침한 골짜기로 다닐찌라도 해를 두려워하지 않을 것은 주께서 나와 함께 하심이라 주의 지팡이와 막대기가 나를 안위하시나이다 ⁵주께서 내 원수의 목전에서 내게 상을 베푸시고 기름으로 내 머리에 바르셨으니 내 잔이 넘치나이다 ⁶나의 평생에 선하심과 인자하심이 정녕 나를 따르리니 내가 여호와의 집에 영원히 거하리로다

이스라엘의 양육일지에 대해서 이야기를 하고 있습니다. 아이가 태어나고 그 아이를 키우는 과정을 일기로 쓰는 것을 양육일지라고 합니다. 이렇듯 하나님이 구약시대에 이스라엘을 키우는

과정을 기록한 것이 구약성경입니다. 구약성경을 보면, 하나님이 이스라엘을 얼마나 사랑했는지 알 수 있습니다. 하나님이 이스라엘을 택하시고 이스라엘을 어떻게 양육했는지 그 일지가 구약성경에 써놓았습니다.

이사야서 1장 2절을 읽어봅시다.

"하늘이여 들으라 땅이여 귀를 기울이라 여호와께서 말씀하시기를 내가 자식을 양육하였거늘 그들이 나를 거역하였도다"(사 1:2).

하나님이 자식을 양육했다고 했습니다. 하나님이 이스라엘을 양육했듯이 오늘날도 하나님이 여러분을 양육하고 계십니다. 하나님은 여러분의 친부모가 자녀를 사랑하는 것과는 비교할 수 없을 정도로 사랑하십니다. 하나님은 여러분이 자기 자신을 사랑하시는 것보다 여러분을 더 사랑하십니다. 왜냐하면 하나님은 사랑 그 자체이시기 때문입니다.

하나님이 우리를 이렇게 사랑하시지만, 무작정 우리를 키우시는 게 아닙니다. 철저한 계획과 섭리 가운데 양육하십니다. 하나님이 이스라엘을 양육하는 양육일지를 보면 그것을 알 수 있습니다. 하나님은 이스라엘을 양육하기 위해서 그 주변에 초강대국을 세웠습니다. "**애굽, 앗수르, 바벨론, 페르시아, 헬라, 로마**"입니다.

이 초강대국을 제국이라고 합니다. 이 제국은 나라가 아니라 한

시대 세계를 다 통치하고 지배한 나라를 말합니다. 6대 제국을 이스라엘 옆에 세웠습니다. 하나님이 6대 제국을 세우신 것은 이스라엘을 키워내기 위해서 세우신 나라입니다.

이스라엘의 양육일지를 보면, 이스라엘에게 중요한 것은 하나님과의 관계입니다. 이스라엘이 하나님과의 관계가 바로 딱 서면, 이스라엘 옆에 있는 제국들을 이길 수 있도록 해주셨습니다. 이스라엘이 적은 수에도 제국의 거대한 수를 이겼습니다. 이스라엘이 열이면, 제국은 만입니다. 수로 보면 이스라엘이 제국을 이길 수 없지만, 이스라엘이 이깁니다.

초강대국을 이스라엘을 키우는 데 사용했다는 겁니다. 가나안 땅에 올 때까지 7족속을 살게 하신 것도 마찬가지입니다. 그 이유를 살펴보면, 이스라엘이 하나님의 능력으로 이기는 겁니다. 이스라엘이 하나님과의 관계가 잘 형성되어 있었습니다.

그런데 이스라엘이 하나님과의 관계를 잘 맺지 않으면, 옆에 있는 초강대국을 일으켜서 이스라엘을 괴롭혔습니다. 하나님이 이스라엘을 양육하면서 이 법칙을 계속 적용했습니다.

하나님은 이스라엘을 사랑했습니다. 짝사랑을 넘어서 처절한 사랑을 했습니다. 하나님은 참 대단한 분이십니다. 우리 같으면 이스라엘을 천 번도 더 버려도 될 만큼 하나님을 배반했습니다. 그런데 하나님은 영원히 이스라엘을 버리지 않으십니다. 지금도 이스라엘을 버리지 않으셨습니다. 마지막에 하나님의 언약을 실현하기 위해서 말입니다.

하나님과의 관계

이스라엘에게 하나님과의 관계가 중요합니다. 구약시대의 하나님의 양육일지처럼 신약시대의 하나님의 양육일지도 마찬가지입니다. 하나님이 써놓은 이스라엘의 육아일지를 봤더니, 하나님이 사람을 키워내는 원리가 나타났습니다. 신약시대 때도 똑같은 겁니다. 여러분 각자가 다 이스라엘이란 말입니다.

하나님이 이스라엘을 키워낼 때에 애굽과 같은 초강대국을 세운 것처럼 우리 옆에도 초강대국을 세워놓으셨습니다. **"물질의 애굽, 질병의 앗수르, 가정의 바벨론, 환란의 페르시아, 저주의 헬라, 마귀의 로마"**입니다. 이렇게 성도들 옆에 물질, 질병, 가정, 자녀, 혼란, 저주, 마귀를 붙여놓고 키우십니다. 이스라엘이 하나님과의 관계가 올바로 섰을 때 초강대국을 이겼던 것처럼 우리도 하나님과의 관계가 바로 서면, 이 모든 세계를 이기게 만들어 버립니다.

하나님과의 관계가 좋으면 이건 우리의 밥입니다. 하지만, 하나님과의 관계가 좋지 않으면, 이건 우리에게 힘든 문제입니다. 그래서 이스라엘이 그랬던 것처럼 우리에게도 하나님과의 관계가 중요한 겁니다.

우리가 하나님과 어떤 관계를 맺느냐? 먼저 하나님이 우리의 아버지가 되시는 겁니다. 아버지가 되는 존재는 생명을 주는 존재입니다.

사람에게는 2가지 생명이 있습니다. 하나는 부모로부터 받은 육체의 생명입니다. 그리고 나머지 하나는 영적인 생명입니다. 이걸 하나님이 주신 겁니다. 예수 그리스도의 피로, 보혈의 피로 하나님이 우리의 아버지가 되신 겁니다. 하나님이 우리에게 생명을 주셔서 아버지가 되신 겁니다.

먼저, 하나님은 우리와의 관계를 아버지와 자녀의 관계를 맺기 원하십니다. 우리가 예수 그리스도의 보혈의 피를 통해 하나님을 "아버지" 하고 부를 때 우리는 하나님의 자녀가 됩니다. 이스라엘이 하나님을 아버지로 부를 때 아버지의 능력으로 이스라엘 앞에 있는 문제들을 해결해 주셨습니다.

두 번째, 하나님은 우리와의 관계에서 부부의 관계를 맺기 원하십니다. 하나님이 이스라엘에게 장가들어간다고 하셨습니다. 부부일심동체로, 부부의 관계를 맺으면 하나님과 우리는 한 몸이 됩니다. 하나님의 모든 것을 우리가 누리게 되는 겁니다.

세 번째, 하나님은 우리와의 관계에서 왕과 백성의 관계를 맺기 원하십니다.

목자와 양의 관계

마지막으로, 하나님은 이스라엘과의 관계에서 목자와 양의 관계를 원하십니다. "**목자.**" 목자는 양을 치는 사람입니다.

시편 23편 1-6절을 읽어봅시다.

"여호와는 나의 목자시니 내가 부족함이 없으리로다 그가 나를 푸른 초장에 누이시며 쉴만한 물 가으로 인도하시는도다 내 영혼을 소생시키시고 자기 이름을 위하여 의의 길로 인도하시는도다 내가 사망의 음침한 골짜기로 다닐찌라도 해를 두려워하지 않을 것은 주께서 나와 함께 하심이라 주의 지팡이와 막대기가 나를 안위하시나이다 주께서 내 원수의 목전에서 내게 상을 베푸시고 기름으로 내 머리에 바르셨으니 내 잔이 넘치나이다 나의 평생에 선하심과 인자하심이 정녕 나를 따르리니 내가 여호와의 집에 영원히 거하리로다"(시 23:1-6).

"**아버지, 여보, 나의 왕, 나의 목자.**" 하나님과의 관계가 이렇게 이루어지면 그 사람은 형통한 삶을 살게 됩니다. 주 예수 그리스도가 나의 목자가 되기를 원하십니다. 우리는 양, 주님은 우리을 치는 목자가 되십니다. 양과 목자는 특별한 관계입니다. 양은 목자의 음성을 알고, 목자는 양이 어디 있든지 찾습니다. 그리고 목자는 양을 푸른 초장으로 인도합니다. 쉴만한 물가로 인도합니다.

양을 헤치는 사자, 여우, 늑대가 오는지 지킵니다. 만약, 짐승들이 양을 헤치려고 하면 맞서 그것을 물리칩니다. **"애굽, 앗수르, 바벨론, 페르시아, 헬라, 로마"** 를 물리치십시오. 목자들은 멀리서도 사자가 오는지 압니다. 그리고 지팡이를 가지고 있습니다.

목자의 지팡이

지팡이는 2가지 일을 합니다. 지팡이 끝이 둥그렇게 되어 있어서 양의 목을 딱 걸어서 잡아당길 수 있습니다.

"일로 와! 어딜 가려고 해! 혼자 따로 떨어지면 짐승한테 잡혀 먹히기 딱이야!"
"같이 붙어 있어!"

사자들이 양을 공격할 때 무리로부터 한 마리를 떼어낸 뒤에 사냥을 합니다. 양들 중에서도 단독 행동하는 양이 짐승의 표적이 됩니다. 그래서 목자는 양의 무리를 벗어나는 양을 지팡이가 잡아 옵니다.

"여기 봐! 너 바로 앞에 있는 양을 따라가. 알았지?"

목자는 제일 큰 양만 데리고 가면, 나머지 양들은 전부 다 엉덩이만 보고 따라갑니다. 제가 몽골에 가서 양을 치는 목동의 문화를 직접 봤습니다. 앞에 있는 양만 보고 따라갑니다.

지팡이의 다른 용도는 사자나 여우, 늑대와 싸울 때 무기로 사용합니다. 그래서 목자들은 다 지팡이를 가지고 다닙니다. 목자는 푸른 초장과 쉴만한 물가로 양들을 인도하며 잘 크도록 키웁니다. 그리고 짐승들에게 먹히지 않게 지킵니다. 이게 바로 목자가 하는 일입니다.

하나님이 나의 목자가 되시면, 이 두 가지를 정말 잘 하시기 때문에 양인 우리는 아무 걱정없이 하나님의 인도하시는 대로 살아가면 만사가 오케이입니다.

선한 목자와 삯꾼 목자

그런데 목자 중에서 삯꾼들이 있습니다. 목자이지만, 양들이 자신의 양이 아니니까 양들을 지키지 않습니다. 그냥 열심히 일만 하면 잘 되는 줄 압니다. 양들을 노리는 짐승들이 양을 잡아가도 모릅니다. 그리고 무서운 짐승들이 왔을 때 양들을 지키기보다는 자기 목숨을 지키기 위해서 도망을 갑니다.

이런 목자 밑에 있는 양들은 목자가 있지만, 항상 불안에 떨어야 합니다. 언제 푸른 초장과 쉴만한 물가로 갈지 걱정해야 합니다. 언제 어디서 짐승이 나타날지 걱정해야 합니다. 그리고 문제가 생겼을 때 우리를 지킬 목자는 그 자리에 없습니다.

하나님은 우리의 선한 목자가 되십니다. 그러기 위해서는 우리가 하나님과의 관계를 목자와 양의 관계로 맺어야 합니다. 주님은 나의 목자, 우리는 그의 어린양이 되는 겁니다.

몽골 이야기를 조금 더 해보겠습니다. 몽골 사람들이 양을 잡는 걸 봤습니다. 그들이 양을 잡는데 기가 막혔습니다. 먼저 양을 잡더니, 칼을 가지고 숨통을 딱 끊었습니다. 그러니까 "으흠?" 하고 죽었습니다. 양이 죽은 후에 가죽을 벗기고서 가죽 위에서 양의 각을 뜨는데, 피를 한 방울도 땅에다 안 흘렸습니다. 그 모습이 너무 궁금해서 제가 물어봤습니다.

"피를 여기에 쏟지."
"조상 대대로 이 피는 절대로 바깥에 버리면 안 되고 양 보자기에 싸야 됩니다."

전통이라는 겁니다. 이게 구약에 제사장이 양을 잡는 문화가 중앙아시아의 실크로드를 타고 몽골에까지 와 있었습니다.

"시작이 언제부터 되냐?"

그런데 조상 대대로 내려온 거라 모르는데, 양 보자기에다 피를 한 방울도 흘리면 안 된다는 말을 했습니다.

"양의 피를 흘리면, 부정 탑니다."

그 흔적이 지금도 남아 있었습니다. 그런데 어린 양을 잡는 것하고 어린 염소를 잡는 건 다르다고 합니다. 염소는 칼을 가지고 잡기도 전혀 "음매 음매" 하면서 난동을 부린다고 합니다. 뿔로 이러저리 박으면서 말입니다. 양하고 염소하고 이렇게 다릅니다. 우리는 어린양이 돼야 됩니다.

하나님의 마음에 합한 자

목자하면 다윗이 떠오릅니다. 다윗이 목자의 심정으로 쓴 것이 바로 시편 23편입니다. 왜 다윗이 하나님께 쓰임을 받았느냐? 왜 다윗이 시편 23편과 같은 노래를 부를 수 있었느냐? 성경에서 하나님의 마음에 합한 자라고 하는 유일한 사람이 바로 다윗입니다.

"다윗은 내 마음에 합한 자로다."

그런데 하나님의 마음에 합했을 때는 뭔 이유가 있을 겁니다. 그걸 분석해 보니까, 사무엘이 와서 기름 부음을 받은 이후에는 성령의 기름 부음 때문에 다 잘 됐지만, 이미 그전에 사무엘을 만나기 전에 이 다윗은 하나님의 마음에 합한 자라 그랬습니다.

그래서 하나님이 사무엘을 다윗에게 보낸 겁니다. 사무엘을 만나기 전에 무엇이 하나님의 눈을 사로잡았는가?

사무엘 만나기 전에, 기름부음을 받기 전에 하나님의 눈을 사로잡은 걸까? 사무엘이 다윗을 찾아갔을 때 사무엘이 찾아간 게 아니라 다윗이 사무엘을 끌어당긴 겁니다.

성경에 다윗이 하나님의 마음에 합한 자라고 했던 걸 보면, 조건은 전혀 없습니다. 다윗은 이스라엘의 이새의 일곱 아들 중에 막내입니다.

사무엘이 이새의 집에 찾아갑니다.

"이새야. 이새 계시는가? 하나님이 너희 아들 중에 왕을 하나 세우려고 하는데."
"들어오세요. 들어오세요. 음식부터 드시지요."
"지금 먹으러 여기 온 게 아니야. 아이부터 다 불러 모아."
"아이들을 전부요?"
"내가 이제 기름부음을 할 거야. 왕 지명식부터 먼저 해야 돼."

그러자 이새가 큰아들부터 쭉 불러서 사무엘 앞으로 지나가게 했습니다. 그런데 하나님이 말씀하신 기름부음 받을 자가 없는 겁니다.

"니 아들이 다냐?"
"하나가 더 있는데, 막내가 있습니다."
"어디 있냐?"
"들에서 양을 치고 있습니다."
"데려와 봐!"

그래서 막내를 데리고 왔는데, 형들과 비교할 때 키도 작고 볼품이 없습니다. 그런데 눈이 빼어났습니다. 사무엘이 생각합니다.

'이야, 쟤가 하나님께 합한 자인가?'

자기의 친부모도 다윗을 전혀 신경쓰지 않았습니다. 외부 조건으로 보면 다윗은 다른 형들에 비해 형편없는 겁니다. 그런데 어떻게 하나님의 마음에 합한 자가 됐을까?

다윗은 이새의 막내로 양을 치러 갑니다. 제일 큰 형님은 열심히 양을 칩니다. 양 쳐놓으면 장가가서 살림을 할 때 자기 것이 되니까 열심히 합니다. 둘째는 형님이 하고 난 뒤에 그다음 해에 열심히 하는 겁니다. 내 것이 안 되는 것은 절대 열심히 안 하는 겁니다.

다윗은 막내니까 앞에 형님들이 다 분가하고 양을 쳐서 애새끼

낳아 가지고 다 데리고 나간 뒤에 마지막에 가서 열심히 해야 됩니다. 그런데 이 다윗은 자기하고 이해타산도 없는 아버지 양을 치면서, 양 한 마리를 사자가 물어 가면 추격해서 양 하나를 위하여 자기 생명처럼 여겼습니다. 양 한 마리를 위하여 자기 생명을 내놓은 겁니다.

그것이 하나님의 눈에 딱 사로잡은 겁니다. 정말로 순수한 마음으로 주님을 사랑하는 마음을 본 겁니다.

여호와는 나의 목자

목자에 대해서 제일 설명이 잘 된 것이 시편 23편입니다. 시편 23편은 목자생활을 했던 다윗이 쓴 시입니다. 하나님이 나의 목자가 제대로 된 사람에게는 무슨 일이 일어나는가?

시편 23편 1절을 읽어봅시다.

"여호와는 나의 목자시니 내가 부족함이 없으리로다"(시 23:1).

하나님은 나의 목자시니 내가 부족함이 없다고 말합니다. 하나님의 나라에 갈 때까지 부족함이 없는 삶을 살고 싶습니까? 그러면 하나님과 목자와의 관계를 바로 맺으면 됩니다.

'여호와가 나의 목자가 되신다'는 이 말에 눈물이 나지 않습니까? 목자는 양을 기를 때 양의 필요를 채웁니다. 그래서 목자가 누구냐에 따라서 양의 상태가 다릅니다. 그런데 전지전능하신 하나님이 나의 목자가 되신다고 하니, 그의 양들은 이 세상 그 누구보다 부족함이 없다는 겁니다.

2절을 읽어봅시다.

"그가 나를 푸른 초장에 누이시며 쉴만한 물 가으로 인도하시는도다"(시 23:2).

목자와 양은 차이가 많습니다. 양은 2-3미터 앞밖에 못 봅니다. 양들은 바로 앞만 보기 때문에 이리저리 풀을 찾아다닙니다. 지금 내 눈 앞에 있는 것만 의지하고 다닙니다. 그래서 지금은 풍족하지만 그 길로 가다가는 가시덩굴이나 낭떠러지로 향합니다. 멀리 보지 못합니다.

하지만, 목자는 키도 크고 높은 곳을 올라가서 주변을 둘러봅니다. 때로는 미리 그 지역을 꿰뚫고 있는 경우도 있습니다. 그래서 양들이 풍족하게 풀을 먹을 수 있는 푸른 초장이 어디 있는지, 쉴만한 물가가 어디 있는지 압니다. 목자는 그곳으로 양들을 인도합니다.

우리가 인생의 한 치 앞도 모르고 이러 저러 헤매는 모습이 마치

양과 같습니다. 양이 목자의 인도를 따라 갈 때 생명을 얻을 수 있는 것처럼 목자이신 하나님의 인도를 따라 갈 때 우리에게 생명이 있는 겁니다. 우리의 영혼의 참 안식과 쉼은 하나님이십니다.

3절입니다.

"내 영혼을 소생시키시고 자기 이름을 위하여 의의 길로 인도하시는 도다"(시 23:3).

우리가 살다 보면 내 영이 심령 상태가 가라앉을 때가 있습니다. 괜히 우울해지고 기분이 좋지 않을 때가 있습니다. 그럴 때 예수 그리스도의 손길이 우리에게 와서 내 영혼을 소생시켜 준다는 말입니다. 우리 예수님이 목자가 되셔서 우리를 소생시켜 줍니다.

4절을 읽어봅시다.

"내가 사망의 음침한 골짜기로 다닐찌라도 해를 두려워하지 않을 것은 주께서 나와 함께 하심이라 주의 지팡이와 막대기가 나를 안위하시나이다"(시 23:4).

우리가 인생을 살다가 보면, 항상 좋은 일이 있는 게 아니라 사망의 음침한 골짜기에 빠질 때도 있습니다. 그런데 사망의 음침한 골짜기를 빠지는 이유는 하나님이 사망의 음침한 골짜기로 인도하는 게 아니라 여러분과 저의 실수로 사망의 음침한 골짜기에

헤매는 경우도 있습니다.

그때도 하나님은 버려두지 아니하시고, 선한 목자 되신 하나님은 구부러진 지팡이를 반대로 뒤집어 잡아서 양의 모가지를 탁 가져와서 우리에게 다시 걸어주신다는 겁니다.

5절을 읽어봅시다.

"주께서 내 원수의 목전에서 내게 상을 베푸시고 기름으로 내 머리에 바르셨으니 내 잔이 넘치나이다"(시 23:5).

우리가 살다가 보면, 때때로 원수들이 있습니다. 하나님은 나를 대적하는 사람, 내 원수의 목전에서 내게 상을 베푸십니다. 그리고 내 잔이 넘치게 주신다고 합니다.

계속해서 6절을 읽어봅시다.

"나의 평생에 선하심과 인자하심이 정녕 나를 따르리니 내가 여호와의 집에 영원히 거하리로다"(시 23:6).

목자와 양의 관계가 형성이 되면, 이것이 어떤 한 순간에만 일어나는 것이 아니라 영원히 이루어집니다. 하나님과 나와의 관계가 잘 형성이 되면, 하나님이 나의 목자가 되시면 내 평생에 선하심과 인자하심이 나를 따릅니다.

양의 문

요한복음 10장에서 목자와 양의 관계를 설명합니다. 요한복음 10장 1-21절을 읽어봅시다.

"내가 진실로 진실로 너희에게 이르노니 양의 우리에 문으로 들어가지 아니하고 다른데로 넘어가는 자는 절도며 강도요 문으로 들어가는 이가 양의 목자라 문지기는 그를 위하여 문을 열고 양은 그의 음성을 듣나니 그가 자기 양의 이름을 각각 불러 인도하여 내느니라 자기 양을 다 내어 놓은 후에 앞서 가면 양들이 그의 음성을 아는고로 따라오되 타인의 음성은 알지 못하는고로 타인을 따르지 아니하고 도리어 도망하느니라 예수께서 이 비유로 저희에게 말씀하셨으나 저희는 그 하신 말씀이 무엇인지 알지 못하니라 그러므로 예수께서 다시 이르시되 내가 진실로 진실로 너희에게 말하노니 나는 양의 문이라 나보다 먼저 온 자는 다 절도요 강도니 양들이 듣지 아니하였느니라 내가 문이니 누구든지 나로 말미암아 들어가면 구원을 얻고 또는 들어가며 나오며 꼴을 얻으리라 도적이 오는 것은 도적질하고 죽이고 멸망시키려는 것뿐이요 내가 온 것은 양으로 생명을 얻게 하고 더 풍성히 얻게 하려는 것이라 나는 선한 목자라 선한 목자는 양들을 위하여 목숨을 버리거니와 삯군은 목자도 아니요 양도 제 양이 아니라 이리가 오는 것을 보면 양을 버리고 달아나나니 이리가 양을 늑탈하고 또 헤치느니라 달아나는 것은 저가 삯군인 까닭에 양을 돌아보지 아니함이나 나는 선한 목자라 내가 내 양을 알고 양도 나를 아는 것이 아버지께서 나를 아시고 내가 아버지를 아는 것 같으니 나는 양을 위하여 목숨을 버리노라 또 이 우리에 들지 아니한 다른 양들이 내게 있어 내가 인도하여야 할터이니 저희도 내 음성을 듣고 한 무리가 되어 한 목자에게 있으리라 아버지께서 나를 사랑하시는 것은 내가 다시 목숨을 얻기 위하여 목숨을 버림이라 이를 내게서 빼앗는 자가 있는 것이 아니라 내가 스스로 버리노라 나는 버릴 권세도 있고 다시 얻을 권세도 있으니 이 계명은 내 아버지에게서 받았노라 하시니라 이 말씀을 인하여 유대인 중에 다시 분쟁이 일어나니 그 중에 많은 사람이 말하되 저가 귀신 들려 미쳤거늘 어찌하여 그 말을 듣느냐 하며 혹은 말하되 이 말은 귀신 들린 자의 말이 아니라 귀신이 소경의 눈을 뜨게 할 수 있느냐 하더라"(요 10:1-21).

이것은 예수님이 2천 년 전에 제자들을 붙잡고 하신 말씀입니다. 여기에 보면 이방인과 유대인을 비교했습니다. 우리 안에 있는 양은 지금 예수를 믿고 그 당시에 구원받은 유대인입니다. 우리에 들지 않은 다른 양 떼가 있다는 것은 앞으로 이방인이 구원받을 것을 말합니다. 그중에는 여러분과 저도 포함돼 있는 겁니다.

우리는 선한 목자 되신 예수님을 잘 따라가야 되는데, 여기 2절에 '문'이 나옵니다. 양의 문입니다. 이 문을 강조하는 것은 목숨이 여기에 있기 때문입니다. 이곳을 잘 지켜야 살 수 있습니다. 들짐승이 양의 문으로 들어오면 다 죽습니다. 그래서 문을 지키는 것이 중요합니다. 그리고 이 문을 지키는 자에게 문 안에 있는 모든 것을 소유할 수 있는 주권이 있습니다.

하나님과의 관계를 이탈한 사람들

우리 하나님과의 관계에서 아버지와 자녀, 남편과 아내, 왕과 백성, 그리고 목자와 양을 살펴보고 있습니다. 그런데 성경을 보면, 이 관계에 있어서 이탈한 사람들의 이야기가 나옵니다.

먼저, 아버지의 품에서 떠난 둘째 아들, 탕자의 이야기입니다. 아버지의 간섭이 싫어서 아버지의 유산을 미리 받아서 타국으로 떠납니다. 아버지와 아들의 관계를 둘째 아들이 끊어버리고 떠난 겁니다. 둘째 아들은 돈을 탕진하고 결국 돼지우리에서 지냅니다. 쥐엄열매를 먹다가 깨닫고 다시 아버지의 품으로 돌아옵니다. 그 아들을 아버지는 다시 품어줍니다.

두 번째는 고멜입니다. 음란 고멜은 객관적으로 볼 때 결혼을 할 수 없는 사람이었습니다. 하지만 호세아가 사랑으로 부부의 관계를 맺습니다. 그런데 고멜은 부부의 관계를 끊고 다시 방탕한 생활을 합니다. 자신이 끊어버린 겁니다. 그럼에도 호세아는 고멜을 다시 받아들입니다.

목자와 양의 관계도 있습니다. 100마리의 양 중에서 1마리의 양이 없어집니다. 대열에서 이탈한 겁니다. 성경에 그 양이 이탈한 이유에 대해서 안 나왔지만, 목자의 지시에 따르지 않고 혼자 돌아다니다가 일행을 놓친 겁니다. 이런 양을 목자는 찾아 나섭니다. 그리고 결국 잃은 양 한 마리를 찾아냅니다.

하나님은 우리를 이렇게 사랑하십니다. 우리와 맺은 관계를 끊으시지 않습니다. 아들이, 아내가, 백성이, 양이 관계를 끊은 것이지 아버지, 남편, 왕, 목자는 계속 그 관계를 맺고 사랑으로 품어줍니다.

하나님은 우리가 아버지의 그늘 아래 살기를 원하십니다. 하나님은 우리의 남편이 되어 계속 품어주십니다. 하나님은 왕과 목자가 되어 돌보십니다. 하나님과의 관계를 올바로 세우기를 원합니다.

> **기도**
>
> "나의 아버지이시고, 남편이 되시며, 왕과 목자가 되신 하나님! 이스라엘을 양육하셨던 것처럼 우리를 하나님의 뜻대로 양육하시기 원하시는 하나님! 하나님과의 관계를 올바르게 잘 형성하여 하나님을 아버지로 남편으로, 왕과 목자로 고백하게 하옵소서. 예수님의 이름으로 기도하옵나이다. 아멘."

전광훈 목사 설교 시리즈 Light 06
이스라엘의 양육일지

초판 발행 2025년 5월 2일

지은이 전광훈
펴낸곳 주식회사 뉴퓨리턴

주소 서울특별시 성북구 장위로 40다길 19, 1층 106호(장위동)
대표전화 070-7432-6248
팩스 02-6280-6314
출판등록 제25100-2023-043호
이메일 info@newpuritan.kr

ISBN 979-11-992040-4-1 03230